The soul of the scale

你脚下的路

永远是通向自我的路

无论走多远

其实都是走到你的心里边

寻找心灵的尺度

柏涛建筑 著

中国建筑工业出版社

图书在版编目（CIP）数据

寻找心灵的尺度 / 柏涛建筑著. — 北京：中国建筑工业出版社，2015.2
　ISBN 978-7-112-17817-9

　Ⅰ. ①寻…　Ⅱ. ①柏…　Ⅲ. ①建筑设计－研究　Ⅳ. ①TU2

中国版本图书馆CIP数据核字(2015)第035095号

责任编辑：何　楠　陆新之
责任校对：李欣慰　党　蕾

寻找心灵的尺度
柏涛建筑　著
＊
中国建筑工业出版社出版、发行（北京西郊百万庄）
各地新华书店、建筑书店经销
北京雅昌艺术印刷有限公司印刷
＊
开本：880×1230毫米　1/32　印张：7¹/₂　字数：200千字
2015年3月第一版　　2015年3月第一次印刷
定价：58.00元
ISBN 978-7-112-17817-9
　　（27045）

序

　　从 1998 年至今，15 年弹指一挥间，每每静下来总希望能写些什么来总结柏涛 15 年来的"得"与"失"，但每每又被海量的信息所困扰。如何在这纷繁的大时代洪流中，寻找出柏涛发展的脉络和经验，是一直萦绕在我心中的一个"结"。

　　中国，从 1998 年起开始了史无前例的城市建设，房地产成为建设增速的催化剂。在此过程中，大规模建造的人居空间改变了中国的城市结构、社会结构、人文结构，对中国的社会、民生以及人们的思维方式产生了巨大的影响。出于历史机遇，柏涛有幸成为中国人居空间发展的实践者和见证者。

中国作为几乎没有经历过资本主义阶段直接从封建农耕社会过渡到社会主义的国家，它的城市格局与肌理和西方发达国家是完全不同的。西方国家较早地脱离了封建专制，并且经过长时间的历史酝酿逐渐形成了一种相对开放、包容、人性的城市格局。相比之下，中国的封建社会历史较长，社会结构、人文观念等均与西方国家有所不同。因此，中国的城市建设进程只能是一个边学习、边模仿而缓慢进入到寻根、创新的过程。任何城市都是历史、社会、制度和人们生活方式的反映和体现，当代城市发展至今，也反映着在历史长河中形成的现有社会框架及其城市格局与肌理和目前中国社会呼应的特定模式。

在如此特殊的时代下，来自不同背景的建筑师们在中国对人居空间进行各种形式的探索，也产生了很多优秀的作品，把中国——世界上人口密度最大的国家之一——的人居环境提高到了一个更高的水平，创造了适合于中国当前社会现状和人们生活方式、习惯的人居环境。柏涛这 15 年来，也跟随着时代洪流，以不断地研究、创新、实践的精神，孜孜以求，努力前行。

在此历史节点上，我尝试着去总结柏涛的发展脉络和中国大时代的对应关系，面对在建和已完成的 600 多个项目和 1000 多个设计成果，确实有些茫然。虽然柏涛的十几个经典项目，包括深圳万科城市花园、卓越蔚蓝海岸、华侨城波托菲诺（Portofino）纯水岸、万科第五园、中信红树湾等，是中国房地产发展的不同阶段的标志性项目，但仅仅通过对项目设计理念的阐述和对创作过程的回顾，我觉得只是停留在设计层面，很难挖掘到项目背后建筑师们的思考。而且通过项目来描述柏涛成长发展不免落于俗套。

的确，我们想借助文字的力量，用一种冷静的眼光，对我们 15 年设计创作中所经历、彷徨、纠结过的一些问题进行深入的思考与剖析，分析作为一个建筑师在创作过程中的一些共性的思维，以此折射出在中国这一段特殊历史时期建筑师在设计创作过程中的思想探索和心路历程，特别是在设计创作人居社区——这个和"人"生活最贴近的题目中所承担的历史责任和社会责任。

在柏涛主创董事们的共同策划下，由王博老师主笔，以"寻找心灵的尺度"为题，记述柏涛在创作过程中、在众多的冲突和矛盾中对"尺度"的把握，形成我们设计创作的风格和特点的过程，总结柏涛 15 年来专事人居社区规划和建筑设计的心得。

"不积跬步无以至千里"，柏涛正是以这种脚踏实地、不断思索、勇于创新的态度，勇敢地面对各种严峻的形势，闯出了自己独特的发展之路。

在此对所有为此书作出贡献的朋友们致以诚挚的谢意！

2014 年 3 月王漓峰于深圳

前 言

尺度，古往今来或许是建筑师和城市规划师们日常提及最多的一个基本概念。早起达·芬奇（Leonardo Da Vinci）年代的维特鲁威人（the Vitruvian Man），至今时今日大都会事务所（OMA）提及的小、中、大、超大（S，M，L，XL）的理念均是在对这一概念作各种方面的探索与解读。坚固、实用、美观，马可·维特鲁威（Marcus Vitruvius Pollio）在《建筑十书》（De Architectura）中构架出了三个基本建筑法则。身体在美观主义下发生了一次与建筑的真正融合，建筑借用人的尺度构筑美观，其比例关系也往往被置于一处而作为形式的出发。囿于时空，人们在认知处渐进式地发端，"比例"缓缓超越"尺度"意向建筑之韵。

尺度来源于人类的主观感受，可我们又试图将其客观化，以在二者之间自如游走。所谓客观，也并非一成不变、不可逾越的绝对法则，其通常之意是静不可变的，可于柏涛而言更像是动态化的主观。尺度，有别于尺寸，它所表达的并不是一个固定抑或绝对的量值，而是居于变化中的相对关系。通狭义而观，尺度是表述介于极值（大小、长短、远近等）之间的相对位置而保有的动态平衡。柏涛在这里对其做广义或曰心灵之义的引申，试图表达我们在过去的成长经历中，在现实与梦想间游离而生的"动态平衡"。这里既不是起点，也不会是终点，而是一部记载我们寻找自身"平衡点"的一部心路历程。

柏涛成长于中国经济快速发展时期，在此过程中，柏涛的业务主项和努力方向始终未变，坚持以居住类产品规划和设计为主业，这在中国建筑设计界是较为鲜见的。我们不曾摇摆的坚持源于我们对中国居住类产品规划的认知：一方面是主流的需求不可回避；另一方面，居住类产品设计仍被我们视作柏涛的职业方向；第三方面则是时代的耦合使然。在这个不平凡的时代，建筑师面临着无法推卸的社会职责，此种职责寄托着我们对这个职业的理解，展现着我们的理想。也许哈里斯（Karsten Harries）的话可以作为理想的支点："建筑有一种伦理功能，它把我们从日常的平凡中召唤出来，使我们回想起那种支配我们作为社会成员的生活的价值观；它召唤我们向往一个更好的、有点更接近于理想的生活。建筑的任务之一是保留至少一点乌托邦，这点（乌托邦）必然会留下，并应该留下一根刺来，唤醒对乌托邦的渴望，使我们充满有关另一个更好的世界的梦想"。回顾过往的现实，柏涛 15 年的成长路径因亲历的建筑实践而慢慢明晰，在痛苦与幸福等诸般感受中不断变换着自我的挣扎与自得。动态世界中城市、建筑和个体都具有的复杂性使得我们对待每一个案例都必须应时应景，才不至于偏离根本的需求。我们深知，中国特有的发展路径和国人特有的生活习惯来自深厚的人文基质，使得我们必须注重现代社会各类群体的基本诉求。因此，我们都会力求让每一座建筑、每一个产品都经得起居住者的推敲。

柏涛的主创团队融合了中西背景的职业建筑师，兼容并蓄的多元开放态度使得我们设计的产品不会偏离基本的价值判断。中国特有的人文肌理决定了迥异的价值需求，形成了特有的城市骨架，住区之间相对封闭，而封闭之间则会有绿化设施、道路或公共设施的穿插。如此情境之下，柏涛有幸成为中国城市人居规划的实践参与者，捕捉不同族群在传统与现代的交织下内心掩映而出的微妙迷茫，以此塑造人居空间的"另一种可能"。

　　鉴于当下房价高涨且居高不下的现实状态，建筑师在旁人眼里一边被看作"既得者"们的同谋，另一边又被分裂成"理论家"和"推销员"。专业知识和技能固然可以谋生，可生存本能之上的其他存在之义该去如何找寻——"我是谁？"业已由西方哲学语境转而成为当下中国建筑师的终极建筑命题。

　　身处转型期的中国，柏涛的践行之路则要在盘根错节的"动态世界"中寻找平衡。职业的坚持或说美好的理想需要利益的分配和心理的权衡。在设计的过程中，我们会遇到诸如政府、甲方等的问题，当各方力量无法均衡，甚至会出现建筑师角色缺位的时候，建筑师的主张就会被忽视。对此，我们更愿意选择一种妥协达成多赢的"可取方式"。

　　在现实的背景下，我们既需要诚实地回应问题，也不能回避对自身状况及所处社会领域的批判性认识。我们需要总结柏涛15年来的成长路径，理清我们在中国社会成长中的角色定位，亦即努力寻找心灵的尺度。柏涛的个人价值如何建立在与社会价值完美结合的基础上，如何建立在对伦理和道德的清醒认识上，如何建立在对相关社会状况的深入观察上，如何建立在我们对未来的追寻和期许上。带着理性的彷徨以及感性的期望，我们在本书中从"主流与边缘"、"严谨与浪漫"、"纯粹与混搭"、"扭曲与平衡"、"困惑与平和"、"当下与未来"等角度一一阐述。全部文章都以对"自我情绪"的一种客观式梳理、总结以及释放作为主要内容，呈现柏涛自身从业经验、观察建筑应有的社会角色。作为柏涛从业历程中的阶段性总结，我们希望能够和从业者共鸣，并为以后的工作提供基础。其中不当之处请给予批评指正，将感无比欣慰。

目　录

chapter

1

主流与边缘

建筑具有自己的疆土，它与生活有着特殊的物质联系。建筑从根本上并不是某种信息或象征；相反，它应是一个外壳和后台，适于我们的生活和其周围延续；是一个灵敏的容器，适于楼板上的脚步声，适于专心工作，适于安然睡眠。

——彼得·卒姆托（Peter Zumthor）

原始人面对自然的弱肉强食，出于生存的本能，迫而开凿山洞作为相互取暖、群居生活的主要场所，于那一刻，建筑的意义便在人类史上开始发生。如果说建筑为人类提供了生活方式的诸多可能，那么居住就是在所有可能中人们最初的、最基本的渴望。"山洞"（住宅）是建筑的最初形式，也是建筑基本问题最直接的原始载体。建筑师工于建筑，亦即以其所熟悉的建筑语言与生活语言形成螺旋式结合，以此不经意间阐释着他们对建造和生活的理解。

　　除却个性的任用，建筑的最终面向是大多数。很少有建筑师能够住在自己设计的房子里，如此便要求我们以他者的身份应对。这其中还要掺杂着理性与感性的直接冲突：大多数的"潜规则"意味着建筑师不能仅仅只站在自我的立场之上，还要能立足于多元视角，窥视必要细节。如此过程，便需如佛教徒践行佛法"闻、思、修"之三要义一般，不断破除我执，完成洞见。

"三十辐共一毂，当其无，有车之用；埏埴以为器，当其无，有器之用。凿户牖以为室，当其无，有室之用。"建筑虽因物质之有而立，然其存在之意却恰恰因为"无"。所谓空间，也正因为"无"，才进而发生了"有"，"有"乃是"无"的延续，"无"方为"有"的源泉。

如"无"包容着"有"，人居空间容纳着人们林林总总的居住生活，作为其探索者所应明晰的不仅是"无"与"有"二者的真义，更需探寻二者之间应以怎样的方式共生。譬如如何设计尺度适宜的平面布局，如何营造温和清新的社区空间，如何最适度地将阳光引入室内，如何不浪费一丁点的室内空间，是尺度近人还是尺寸赫然等，这些思考以及由此引发的实践是推动我们探寻"恰当"二字之于建筑的原始动力。木心云："人不是容器，人是导管，快乐流过，悲哀流过。"建筑亦然，人们通过基本的感官与建筑发生关系，生活也由此在无形中"流动"，因"流动"而慢慢成形，留下可见抑或不可见的时空印记。

15年的时间过去了，当初的种子已经发芽、成长，并且扎根。从15年间柏涛与社会土壤的互动中可以看到，柏涛扎根的过程改变了我们赖以生存的社会土壤，同时也改变了我们自身。柏涛作为一家以居住类产品规划设计起家的境外设计机构，在潮流的变幻当中，不断寻找着自我之位。环顾周遭，高密度的居住形式无法避免，先辈们生活的宅院已经渐行渐远，怎样的设计可以使我们找到传统文化根基的生活印迹？在我们看来，最应为先的题中之意便是空间布置：通过对建筑细部的处理来实现自我的情感寄托，建筑师的作用从某种程度上来看就是希望给住户提供多种可能性，住户才是真正的主角。使用者可以自由地定义自己的家，根据长年累月的沉淀，塑造恰当的生活氛围，或现代，或古典，或简约，或繁冗。这其中并不存在绝对的对与错，而是柏涛应对社会急速变化的一种方式，虽有反复，却能在反思中前行。

探索属于前沿建筑师事务所，这更是他们存在的特点与价值，从这个角度看，"非主流"的他们亦是主流。他们的设计会与同时期行业内通常的观念和方法保持距离，其建筑实践会对相关学科产生影响。有意思的是，一些在特定类型建筑设计上的探索，有可能因为与社会主流需求合拍而"被主流"。当发展到一定规模时，很多前沿建筑师事务所又会向主流主动转型，此时主流与边缘的界限消失了，原本诸多的"不可能"也难免遭遇转变的阵痛。

　　前沿建筑探索必然要求更完整的设计理念和更高的完成度，这样便与低设计费标准产生了矛盾。前沿建筑虽然较容易受到社会的关注，但相应的市场容量却有限。与之比较，柏涛从一开始就选择了一条较为稳妥的路径。彼时之下的边缘却渐渐暗合着今时今日的主流：即通过大量居住类规划设计作品维持经济上的生存和发展，这种生存的权益与折中，如今看来是时代背景下建筑方向与团队专长的耦合。

　　在建筑社会化的大背景下，无论主流，还是边缘，建筑师这个职业决定了我们都必须向业主提供作为一个职业建筑师应当提供的相应服务，需要稳定的经济收入以支撑团队的生存和发展。所以，我们都需要寻找并创造能够使自己得以生存和发展的社会土壤，并在相应的社会土壤中扎根，这或许就是建筑师这个群体的社会角色定位，无所谓主流，亦无所谓边缘。在这个广大"主流建筑师"都在纷纷参与其中的今天，如果继续坚持认为商业地产类项目是边缘类产品，似乎与其现状大相径庭。柏涛面对这个问题也在不断思考，并在其间寻找我们所追求的"尺度"。昔日，我们关注边缘并不代表我们无法企及主流，边缘之中也蕴藏其内在复杂的规律；今时，我们走近主流也不表示对边缘的抛弃，从过往的经验中总结出的普遍规律在面对"主流项目"

时也可做到详尽应对。主流和边缘，在柏涛而言，并不是事物对立的正反两面。而只是在我们前进方向上，可以左右微调的两个分支。在过去的 15 年以及今后的发展过程中，我们都将针对即时的行业变化，在这两个分支间，不断地做出最适合我们自身特点的调整以适应未来规划建筑领域内的需求。

托克维尔（Alexis de Tocqueville）也不免有着对民主变成"大多数暴政"的隐忧，足以见出当一个问题关乎"大多数"之时其所涉内容之轻重，更况乎人居空间涉及"大多数"的"大多数"：于大多数人来说最为主要的生活。其话题被公众话语平台关注和关心的广度，是其他任何建筑类型都无法比拟的。柏涛的 15 年设计实践历程没有高深的理论，只是赋予建筑最为适用的功能。"问渠那得清如许，为有源头活水来。"既然建筑功能源于生活，那对其中相关细节的阐述也不应是晦涩难懂的。建筑设计不是纯艺术的表达，也不是空谈的理论。但是，当下他者对专业认知的缺失直接导向了话语权被开发商、投资商、房产策划师所把持，建筑从业者的声音却极其微弱。建筑设计的发展，固然需要建筑师队伍的自身成长，更需要更多非专业者能有基本的建筑认知，以此而有更加健康的设计土壤。柏涛作为地产链条上的重要一环，作为中国居住类产品的设计者和亲历者，愿意真实而不矫饰地在居住话题上发出自己的声音。

何为主流，何为边缘？彼时的边缘可为此时的主流，今日的边缘抑或为昔日的主流。有关规划建筑理念的各种思潮变化有如流水从未停歇，主流与边缘的位置变幻也从未停止。早年的建筑师多以大型的、政府类的公共建筑为其代表作品，是为主流；小型的，商业性质居住类项目仅为怡情之作，日之边缘。时至今日，上至扎哈（Zaha Hadid）、盖里（Frank Gehry）等前卫建筑师，下到初出茅庐的建筑专业毕业生，均对昔日的"边缘类"项目表现出了极大的热情。

辨证地看，主流和边缘是在彼此相互地转化，二者都是由特定的时间、场所、人群、文化特性等因素所决定的。柏涛的时空作业也在这些因素当中穿行，时而主流，时而边缘。事实上，同一时空下的主流和边缘永远都会存在，看似对立，又相互转化。在某种情况下，又会彼此融合。

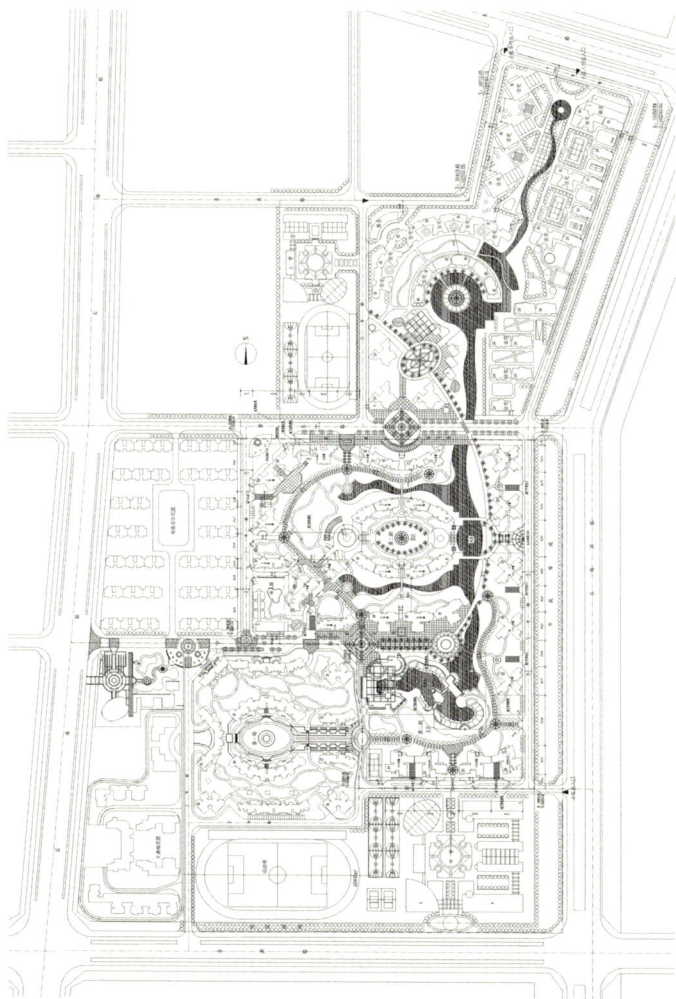

蔚蓝海岸 平面图

蔚蓝海岸　实景照片

chapter

2

严谨与浪漫

在社会契约中，每个人并没有向任何人奉献出自己，他只是把自己献

给了全体；人们自己本身所让给他人的同样权利，无论从任何一个结合者

那里都可以获得，所以人们的得与失是相等的，但却获得了保护自身所有

的更大的力量。

　　　　　　　　　　　　　　—— 让 - 雅克·卢梭（Jean-Jacques Rousseau）

契约精神

  1996 年，巴塞罗那会议全票通过了由国际建协制定的《国际建协职业制度国际标准的协定》，在该协定中，建筑师被明确定义为："在空间、形式和历史文脉方面，对该地区推广公平和可持续发展、福利，以及社会人居环境的文化表达负有责任。"1999 年，国际建协《北京宪章》中指出："在许多传统社会的建设中，建筑师扮演了不同行业总协调人的角色，然而，如今不少建筑师每每拘泥于狭隘的技术——美学形式，越来越脱离真正的决策。建筑师必须将社会整体作为最高的业主，承担义不容辞的社会责任。"可见，建筑师的价值体现在个人价值和社会价值两方面：个人价值体现在建筑创造，而社会价值体现在协调均衡各方面关系而获得社会意义与终极关怀。

  作为一名建筑师，或者规划建筑行业从业者，从学生时代起就有一个似乎永无止境且不可能找到答案的论题，简而言之：我们究竟是工程师（Engineer）还是艺术家（Artist）？这个论题隐含着对两种思维模式的讨论，那就是作为建筑师到底需要的是工程师般的严谨，还是艺术家般的浪漫？如此看似简单的一个"非 A 即 B"的是非题，甚至诸如勒·柯布西耶（Le Corbusier）一般的大师，终其一生也未找到答案。从其早期的萨伏伊别墅（Villa Savoye）、马赛公寓（United' Habitation），到中期的朗香教堂（Chapelle Notre Dame du Haut），再到晚期的昌迪加尔公建群设计（Buildings in Chandigarh），从中不难看出他在严谨与浪漫这二者间的摇摆与困惑。实际上，无论是从柏涛公司的经营管理，还是具体到其中的每一位设计董事的工作方向也面临着同样的思考。

于当下的语境中，建筑师的社会职能与社会需求之间存在着一定程度的冲突与差异，这种冲突与差异表面上可以理解为建筑师的个人或群体的专业能力和迅速发展的市场经济不相匹配的关系。但是，其深层次原因恐怕还要纳入历史和现实的双重背景下探知。

历史地看，15 世纪初，西方文艺复兴运动对建筑领域产生影响，建筑设计从匠人手中逐渐转移到建筑专业人士手中。16 世纪，"建筑专业"一词在欧洲产生，建筑学继法学、医学、神学之后，在欧洲成为固定职业。18 世纪下半叶，产业革命开始，至 20 世纪现代主义产生，建筑师获得了从未有过的历史地位，人们对技术的崇拜达到了一个高峰。现代主义晚期，人们开始怀疑建筑师所声称的社会责任。如今，在价值日趋多元的中国，建筑师越来越把建筑依托在自我趣味之上，建筑学的社会功能削弱了。此时，建筑师的身份认同变得模糊起来，无论是工程师还是艺术家在中国的现实语境中都难以将建筑师准确定义。也许，"少一些美学，多一些伦理"（less aesthetics more ethics）更能够表达我们对自身的身份认同。那么，身处这种反思之下的柏涛该如何承担我们所面对的社会责任？

柏涛的骨干团队是从理想年代走过来的，又经历了海外背景的历练和市场经济的洗礼，我们认同"自利便能利他"的市场经济伦理，信奉并尊重个人价值的实现，这是一个基础性的前提。虽然客观现实却并非如此理想，但是我们的教育背景、成长经历、对建筑的坚持与认知以及个人担当能够消解工作中的分歧。

创业之初，柏涛也经历了磨难和孤独，但是共同的价值和认知抵消了开始创业的煎熬。在柏涛，大家由于都能找到适合的位置，并且各有所长，所以磨合起来较为顺利。而且由于有公平合理的规则体系，董事成员们每天考虑的事情就是如何把项目做好。

　　我们认为规则的制定是基础性的前提，一个好的规则既可以保证个人利益，又能保证团队的利益；既能保证个人价值的实现，又能促进团队的进步。柏涛良好的利益保障体系，也是我们根据实际情况不断磨合和调整出来的。柏涛实行主创建筑师制度，这个制度的好处是，团队成员的分工和责任是明确的，既能保证每个建筑师的自由度和独立性，又能保证项目质量。对整个团队而言，我们首要考虑的是设计创意一定要有保证。任何一种模式也不是固定不变的，我们也在变，这就是我们要考虑的尺度，总之，变与不变都必须以保证公司的活力为基础。

柏涛作品 实景照片

　　原初的契约精神本体上存在四个重要内容：自由、平等、信守、救济，我们所认为的这种"契约精神"却是一种变异：柏涛从理想年代走来，因而极易感到身上所应背负的担当。从本质上看，契约的核心是各方一致同意的协议，它是一种相互妥协、满足对方要求进而满足自我要求的精神。契约的达成意味着当事人自我意志的限制与约束，意味着彼此间的忍让与妥协。这种妥协的精神体现了当事人的独立与平等，这是一个大前提。没有独立和平等，让步与妥协也就无从谈起，而建筑师主创制就是基于独立与平等的基础之上；其次，突出了我们这个团队之间的协商与互利，相互把对方当作与自己同质的主体，通过协商与让步，彼此获益。当然，规则的治理也是必不可少的，我们认为妥协是理性人之间的一种利益让步，须有一套外在的规则予以约束。简单地说，就是平等、自愿、等价有偿、诚实信用、公序良俗。规则和道德没有关系，道德有礼乐崩坏的可能，而契约则不会。因为契约是约束他人同时也自我约束的对等方式，有违契约就会被契约惩罚。

　　虽然，是大时代让我们聚在一起，推动我们去从事住宅设计。团队建设处于稳定的运行当中，这既是一种契约精神，也是我们共同的价值判断。

在这个社会上，有能力的人很多，但是有能力的人并不一定会合作得好，这有一种默契在里面。规则建立起来以后，大家都能自觉地去遵守。在这里，无论是基层员工，还是中高层的管理人员，大家都彼此尊重。尊重已经成为柏涛的一种文化，也是做事的一个基础。

柏涛内部的运作也有一个尺度把握的问题。记得柏涛成立之初，为了保证项目质量，主创建筑师对每一个项目必须负责到底，针对不同的客户，每个人有不同的方向，柏涛给每个人一个开发自己客户的平台。我们最终还会关注到作品最后完成的结果，历史地看，当时的做法确实保证了项目高质量地完成，但是当柏涛发展到一定阶段以后，我们也会反思自己是否会造成过多的干涉，而应放手让年轻人发力。

今天，有年轻建筑师愿意挑头去做项目，我们也会放手，以此激发他们的创新能力。另外，我们也在反思对现在这种设计思潮的把握，也会问自己是不是有点落伍了。建筑行业是在不断发展的，业界也在进步，只有不断地调整尺度，用我们的经验引导年轻建筑师，而非控制他们，才能不断前行。

　　我们对待年轻建筑师的态度正如柏涛成长的过程，大家的能力迥异，但是恰恰是这种差异性反而会形成互补。因此，我们需要尽可能地让年轻建筑师去发挥，让他们在自己的专业领域更单纯地工作。其实这是我们创办主创建筑师制的重要原因：很多设计院的优秀人才大都去做行政工作，当院长或者副院长，主创设计师的所长并没能更好地发挥。

　　中国建筑师的工作方式和国外建筑师不同，国外的建筑事务所相对来说都比较稳定。但是在我们国家，因为市场庞大，人员的流动性较快，如果没有很好的利益保障体系无法留住优秀的人才。柏涛的工作方式是开放的，每个项目部的员工都可以一起讨论问题。在我们看来，核心竞争力是抢不走的。

　　柏涛的公司架构和工作氛围是单纯而执着的，如果说建筑师具有艺术性的话，那么建筑师的艺术性并不是附加于建筑之外，而是贯穿于建筑设计的解决问题的过程中。建筑师的角色也在创作者和服务者之间转换。这就是我们给出的答案，它就在明处，而在这之后的担当却隐藏于建筑师的个人素养上，以及每天的工作当中，或严谨，或浪漫。假如，我们不再把这个论题看作是一个"非 A 即 B"的是非题；

而是二者可以共存，在可以妥协的域值区间，那么答案就显而易见了。

就好像建筑师每天的工作就是坚持与妥协，忍让与坚持。"严谨"的集

体利益与"浪漫"的自我价值能够实现彼此的契合与共生。

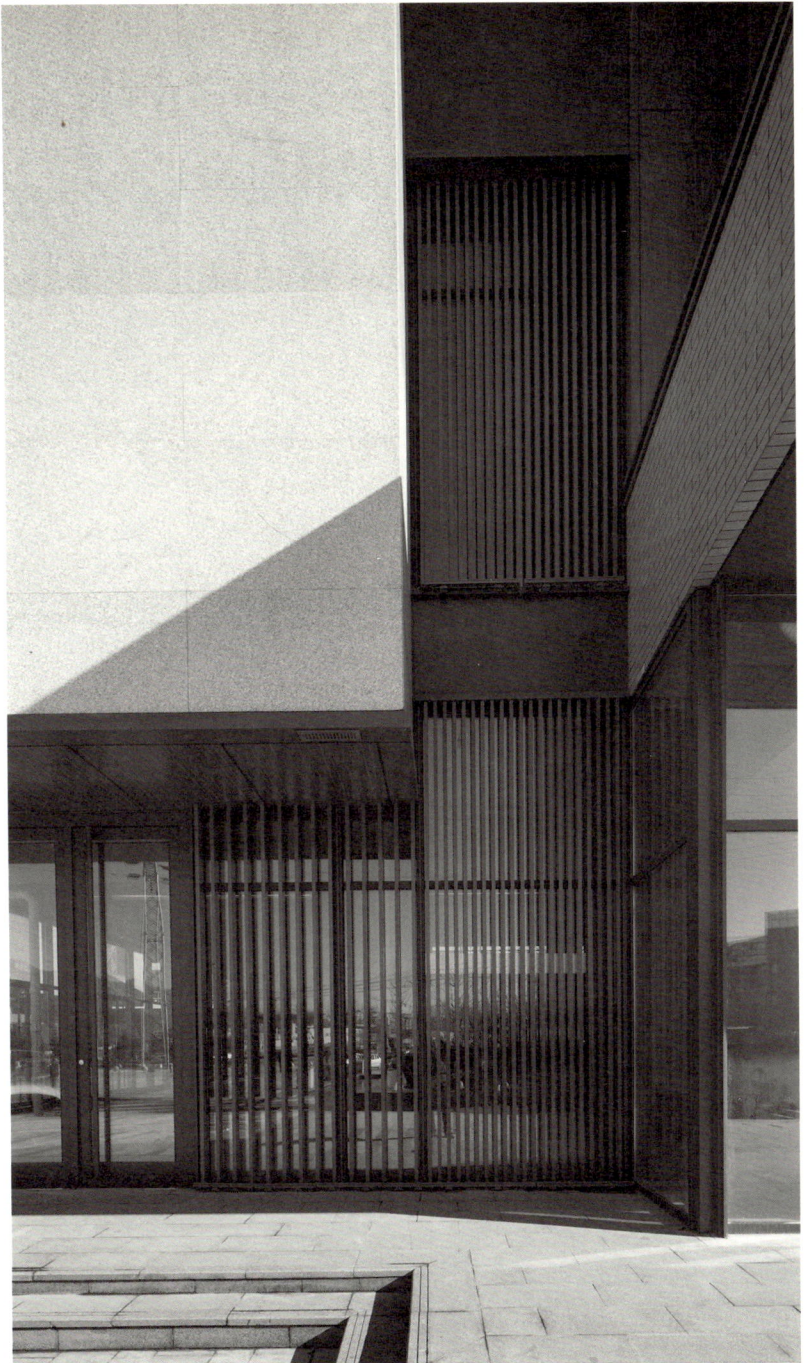

我们可以说，设计师的终生目标和工作就是帮助人类，使人、建筑物、

社区、城市以及他们的生活——同生活的地球和谐相关。

——约翰·O·西蒙兹（John O Simonds）

积 极 的 街 道

　　"在你家的楼下或是院门外，有几个孩子大声地喊着你的名字，呼唤你。你快乐地飞奔而出，与玩伴嬉戏玩耍。"你我多半都有类似的童年，时光烂漫，天真无邪。Facebook、微博、微信，无论社交平台以怎样的方式不断地揣测着用户心理进行转换，都离不开其中"社交"二字。人以群而居，远古为了生存而形成的历史惯性依然在保持着其特有的速度。建筑中一切有关人性"流动"的发生，其实质也来源于人与人在不同群体之间的转换互动。从心理角度看，在一定的场合，人总会被另一些人所吸引并聚集在其周围，新的活动便在进行中的事件附近萌发。在居住区和城市空间中也可以观察到人们类似的行为，如果在散步的时候，有两条街道可供选择：一条空寂荒凉，另一条充满活力，多数情况下，大多数人都会选择后者。如果要在适合于小坐的私密性的后花园还是临街的半私密性前院之间作出选择，人们常常会选择住宅前面，作为聚集的场所，因为那里有更多的东西可看。"人

黄山置地 · 黎阳in巷 实景照片

往人处走"，斯堪的纳维亚的这句古老谚语时刻提醒着我们，在做城市更新项目时，需要建筑师们努力保持清醒的意识，保持原有的交互活动的场所，使其不被破坏，这就是设计的前提。城市更新的重心应该是保留适宜的城市尺度并提高公众交互空间的质量，让公众参与到交互活动中去，这样的更新才更具社会意义。

"黎阳 in 巷"是我们做的一个城市更新项目，它位于安徽省黄山市屯溪区黎阳镇内，基地内有一条接近 2000 年历史的老街。随着时代的变迁，黎阳古镇失去了往昔的繁华，街巷破败不堪，房屋损毁严重。现场勘察的那天，我们步行在这古老的街巷里，行进间经历了从城市支路到小镇街巷的转换，不同道路的尺度体验令人难忘。老街尺度近人，步行道不宽，两边的建筑贴近人的身体。碰上人多，穿越而过的人们必须相互绕开才能前行，正因为如此人和人之间就会产生某种身体对话，回避不了的还有眼神的交流。如果是熟人，相互打个招

黄山置地 · 黎阳in巷　实景照片

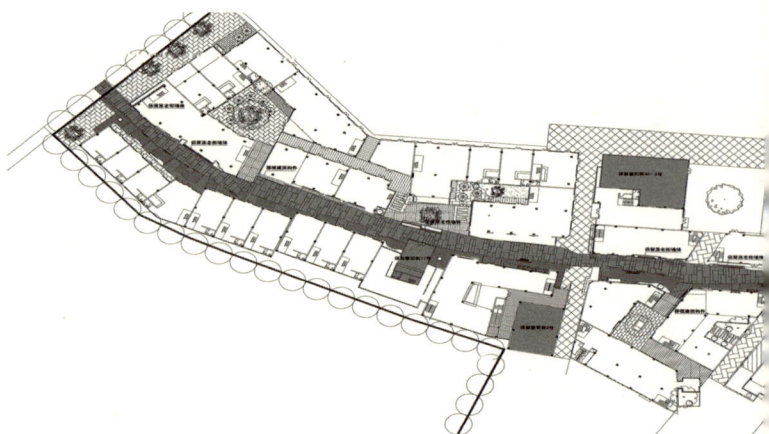

以街巷空间为"图"
以建筑实体为"底"

图

底

以建筑实体为"图"
以街巷空间为"底"

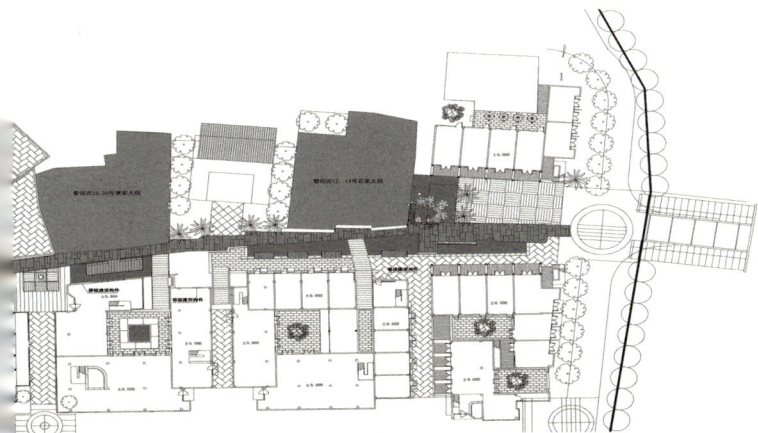

黄山置地·黎阳in巷　街道平面

呼，问一声好。即便是不熟，一来二去的也会成为熟人。这就是我们所看到的"积极的街道"，无论面生还是面熟，大家都能在合理的尺度当中，感受到有距离的温暖，建筑、街道与自然之间建立了一种难以分解的共同关系，空间的社会属性因此而得。

　　从老街出来，我们又看到了不一样的城市街景。道路宽阔了许多，人也离得很远，虽然还能看得清，但是已经无从让人关心了。有路人经过的时候，偶尔会彼此看对方一眼，但是因为距离过大，很难留下什么印象。这种场景在中国的大城市中普遍存在，人和街道的关系冷淡，交互关系难以建立。更严重的是，由于商业利益的驱使，类似于"仿古街"的旅游项目建设不断出现。大部分的"仿古街"呈现出的仅是单纯形式上的模仿，用现代的材料表达古旧的形式语言。由于人们的需求不同于过往，就难免造成整条街巷甚至整个城市的尺度发生了变化。如此一来，就使得"仿古街"成了城市中的展品，失去了街巷

提供交互场所的作用。流于形式的城市更新很难起到为公众服务，进而提高城市空间质量的目的。

我们继续前行，进入到城市的主干道，呼啸而过的汽车宣泄着有车族的骄傲，路边的行人变得微不足道。在大尺度的城市主干道旁边，人是如此的渺小，个体的尺度淹没在呆板的城市布景当中。在这样一种环境中，房屋、汽车和快步行走的人由于不合理的城市尺度，很少能产生自发性的活动。可以想象得到，当空间大而无当，忽视了人的尺度的时候，交互关系就无法产生。市区规划间距过大，户外经历就会索然无味，即便是有少量的活动产生，在空间上和时间上也很容易被分隔开来。这也许就是居民们宁肯待在家中看电视，或者待在自家的阳台上及其他较为私密性的户外空间静思，也不愿意出门溜达的原因。

单体小透视

黄山置地·黎阳in巷 实景照片

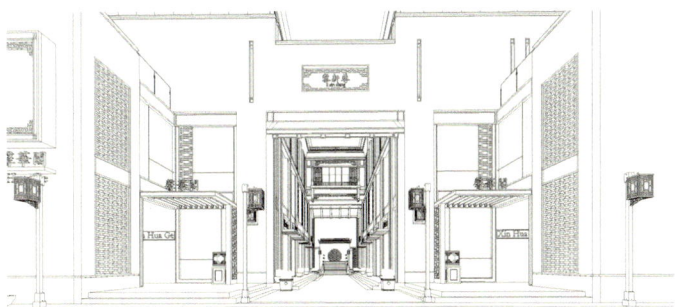

徽元素 设计线图

黄山置地·黎阳in巷 实景照片

这次难忘的考察经历给了我们解决问题的合理方案：保留老街原有的尺度以及这里原有的交互环境，并在此基础上提高空间的质量。老街北边的贾宅、石宅是市级文物保护建筑，另有 8 栋建筑，外观基本保存完好，我们尽最大努力将这些建筑予以修缮，再利用，将它们保留下来。老街以南保留拆除破损房屋基底边迹线，保留原青石板铺地蜿蜒曲折的街道肌理，并加入徽州水系特点，将新规划建筑与老街有机结合。无法保留的建筑虽然是破而重立，但在设计上仍然遵循了原有的街巷尺度。为延续继承徽州外部空间的特点，规划中将建筑以线状的街巷空间、点状的结点空间（如街巷交会点，院落空间），面状的广场空间及线面结合的水口空间相结合，达到步移景异，空间开阔变异的效果。铺地的青石板、两侧的门坊、门罩上精致的砖雕，与天际线交接的马头墙檐部，甚至粉墙上留下的斑驳印记，都起到了丰富空间肌理的效果。

作为传承徽州文化的重要载体，改造设计的建筑单体平面设计在保持传统徽州民宅内部空间"天井明堂"、"四水归堂"、"纵深序列"等基本构成方式的基础上，依据现代生活方式在生活设施等方面加以改进，装修细节采用传统徽州建筑特色的窗棂、雀替、美人靠、木雕、石雕等。徽派建筑是徽州地域环境的重要组成部分，而且是徽州文化的物质载体，"粉墙青瓦马头墙"构建了古徽派建筑的审美主体。建筑形态及立面设计上立足于传承徽派建筑审美意象，取意于徽州典型建筑审美意象的精髓，根据不同区域位置及建筑功能的定位，实现传统徽州建筑与现代新建筑的有机结合，总体保持徽风徽韵的中式建筑意象。在保持老街肌理及保护、修缮部分的老民居的基础上，以院落及少量店铺式艺坊的建筑形式，以明代徽州建筑意象为特色，采用传统的建筑装饰符号，如商字门、石雕漏窗、抱鼓石、大面积的白墙与少量的木质店面相对应。率水南岸的娱乐休闲区则在保持具有传统建筑特征的基础上植入如纯钢架玻璃建筑的现代建筑语言。

一条老街串起两种风景，一个严谨、一个浪漫，严谨的近乎刻薄，浪漫的近乎放肆。无论是哪一种情绪的流露，它们都遵循着一条原则，就是合理的尺度。这条老街似乎也在影射着柏涛朴实的价值追求。在我们看来，城市规划或建筑设计都应当尊重人最本真的"尺度"，这种"尺度"不是好大喜功，更不是肆意妄为。它应该贴合人的日常生活，贴合人的身体、生活和环境，满足人生活的细节需求。

　　作为一家在过去 15 年间小有成就的境外建筑设计机构，我们的工作就是通过日常生活的感受寻找建筑最真实的表达。这种真实融合了我们理想化的浪漫情怀，也融合了我们专业性的严谨态度。在我们看来，严谨是有秩序的浪漫，浪漫是受约束的严谨。对柏涛而言，二者之间恰如硬币的两面，从未分开却有着永恒的距离。因此我们才有可能在严谨与浪漫之间找寻到一点适合自身条件和特征的"尺度"，也许适当的妥协并不意味着完全的放弃，而巧妙地争取往往能够取得比激烈抗争更多的成果。

　　往往越是找不到答案的问题，它的答案反而越是显现于明处。其实，关于严谨与浪漫这个论题的答案就蕴含在建筑师及规划师每天的工作当中。"严谨"的集体利益与"浪漫"的自我价值通过"契约精神"这颗锁芯石（Keystone）实现了二者的和谐共生。我们可能不必像大师那样的非黑即白，一定要做到"不是严谨的工程师就是浪漫

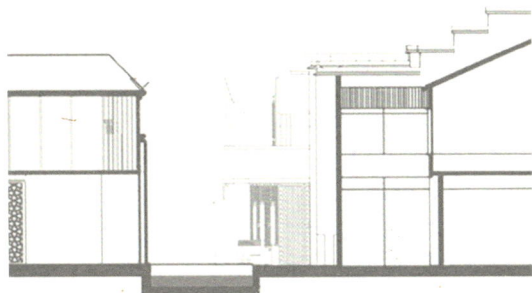

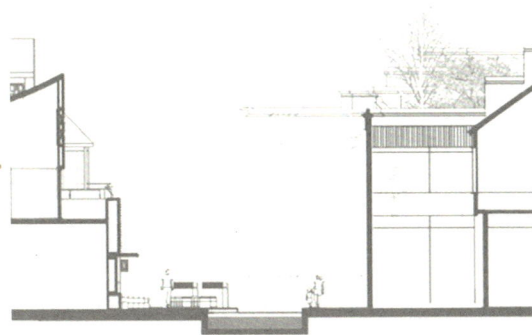

街道间距

黄山置地·黎阳in巷　实景照片

的艺术家"。我们可以在严谨与浪漫之间找寻一点适合自身条件和特征的"尺度"：适当的妥协并不意味着完全的放弃，而巧妙的争取往往能够取得比激烈抗争更多的成果。

黄山置地·黎阳in巷 实景照片

石板路（摄影 高文仲）

chapter

3

纯粹与混搭

深圳中信红树湾 实景照片

广普城市的可识别性可谓丰富多彩。如果它是一座滨水城市，那么以水为题材的符号便遍布整个城市区域。如果它是一座港口城市，那么船坞和吊车的形象将一直延伸到远离港口的地方……它如果是一座亚洲城市，那么到处出现的将是（性感而又带有神秘色彩的）"秀美"女子的身影，展现出一种（宗教或性欲上的）谦卑。如果它依山而立，那么山的形象将会出现在所有宣传册、菜单、票据和广告牌上面，好像不如此重复便无法令人信服一样。可识别性成了佛教中的曼陀罗。

——雷姆·库哈斯（Rem Koolhaas）

可变（森林）空间

　　库哈斯的这段话是对全球化背景下城市风貌的描述，言外之意是在警示人们，城市风貌需要去掉标签，回归理性。城市风貌的趋同化和可识别性的丧失来自于城市内部各部分的巨大差异所造成的整体特征的弱化，甚至平庸化。对细微差别的习惯性无视是现实社会普遍存在的一个问题。我们审视一下，我们当下生活在一个混搭的时代，使用着各种混搭的产品，衣食住行概莫能外。衣，可能是时尚界最早提出混搭这个概念的设计领域，从色调、年代、款式甚至到性别均可mix-match。食，美食的国界越来越模糊，以致混合各种意大利、法国、日本、东南亚国家食材以及调制方法的无国界融合料理（Fusion Cuisine）大行其道。行，跨界车和跨界自行车的出现，极大地颠覆了传统二者分类的概念，使得越野通过性能（Off-Road）和公路舒适性能够有机地结合。住，从规划到建筑形态，当今中国大地才真可谓是"万国博览会"。一街之隔，就可以从遥远的大西洋东岸的欧罗巴

直达太平洋东岸美利坚，真正做到不出国门便可知天下。建筑的功能
设置也逐渐由单一简单的构成逐渐转向复杂多元化"一站式"结构。
似乎这是一个不再需要"纯粹"的年代：纯粹的服饰会被嘲笑为不够
时尚，纯粹的餐食似乎只有上年纪的人才会去怀旧，纯粹的建筑形式
面临着被淘汰的厄运，纯粹的汽车被诟病为"只是简单的交通工具"。

　　工业革命为世界增加的诸般可能性正急速地将世界由"一元"的
制高点拉向了"多元"的广阔平原。手机这一原本只是界定为电话、
短信最基本功能的移动终端随着乔布斯 2007 年在发布会上的讲演而
彻底被颠覆。看似纯粹的电话、短信功能以触控式的体验融入了邮件、
视频、音乐等更多功能，习惯了按键的人们在看到手机图片被双指轻
轻地划动便能轻易地缩小放大时的那一刻被打动了。如此混搭多功能
的体验式设计全都被灌注在只有一个 HOME 键的简洁外观之下，也
暗示着多元素的驾驭与控制其实更多地来源于对纯粹的本质认知。

深圳中信红树湾　实景照片

深圳中信红树湾 实景照片

　　自然之所以被称作最伟大的工匠，就意于在自然的雕琢之下原本规整成形的各量级基本粒子及其属性通过自然的不断组合而塑成了世界壮美。在以往的居住社区规划布局上，多为单调的行列或兵营式的规划布局，如此布局似乎显得十分纯粹简单，但这样的做法却抹杀了人性对于多样空间的需求。居住需要秩序，但并不意味着秩序形式的单一化，无论从粒子构造还是宇宙的自然逻辑，我们都可以发现在随机形式的多样性下暗合着最为基本的秩序规则。

　　基于对建筑本质的现有认知，柏涛选择了对建筑设计元素解构之后的再次创作，即混搭。如此混搭并非将建筑本质的表面之上诸如装饰等元素不断地变化组合，而是通过空间的组合调整对设计环境中与环境之外的多种元素都能进行有效的把控，真正契合建筑的本质意义：通过空间实现对人性的解放。其中中信红树湾，就是柏涛在探寻路上的重要里程碑。

深圳中信红树湾　实景照片

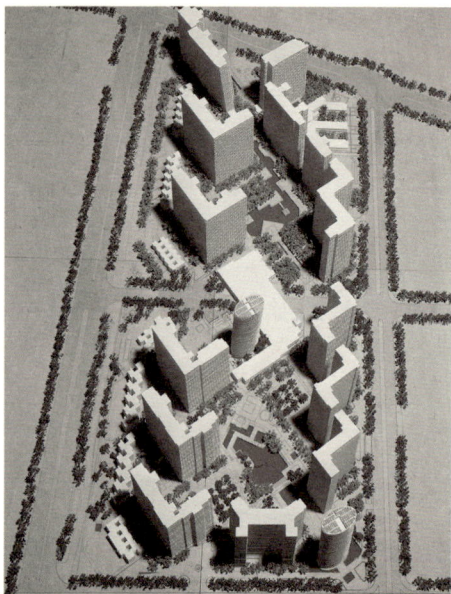

深圳中信红树湾　模型照片

　　传统的建筑布局和高容积率发生了直接意义上的冲突，但如此"冲突"的来源乃是过往的单调认知。在有所深入的挖掘之后，发现寻求一种看似不同但其实和谐有致的空间意义并非无路可寻。空间理念的变革认知最终还是要落于建筑形态的具体尝试。规划中建筑通过"L"形、"之"字形、"41°旋转"的斜列布局打破了"行列兵营"紧张的局促感，同时如此手法使得阳光和景观的最大化呈现也带来了空间交汇。交汇的实现所带来的不仅仅是每家每户最大的景观享受，其用意还在于通过朝向的错位构筑居住者之间的心灵融合。而非"行列兵营"的方式一般，一座座建筑在其建筑意义之外也是一道将居住者割裂开来的一堵堵墙。或说"行列兵营"构筑出来的是一座座孤岛，我们试图打破"枷锁"，将孤岛有所联系，以此建立居住者连续的、有活力的居住生活。

　　现今城市不经意就会走向如"钢铁森林"一般冷冰冰的堆砌，"孤莺啼永昼，细雨湿高城"，陈与义的这句《春雨》虽写的是自我的孤寂

难耐却也润出了建筑本应有的人情温度。在中信红树湾，我们去掉了

传统住宅中的"墙"，以大面积的玻璃取而代之，在空间的物质划分之

外尽可能减少其他的空间障碍，形成更多精神意义上的空间流动。以

如此方式开垦一片全新的"建筑森林"，在这样的森林里，建筑内"空

中庭院"里水、花、草、木并非装饰建筑存在的景观小品，而恰恰相

反：空中院馆应该是在这些基本自然之下的应有延续，仿佛在空中生

根发芽，徐徐生长。于这新的"建筑森林"中，不再是单一的钢筋混

凝土构筑，而是孕育着"好雨知时节，当春乃发生"的万物生机。

　　然而，对于"森林"结构的基本认知并不能满足建筑的全部需求，

如何像自然滋润出大树一样滋润出适合这片森林的树种也是尤为重要

的。在建筑空间上我们又一次有了新的打破，将建筑首层架空时一度

把层高做到了8-11米，以此最大化地增加了一种庭院空间可能性的

延展。又如住宅顶层，虽是一户人家，却可以变化为三层。有趣的是，

顶层的一户人家把顶层住宅改造成了私家的招待会所，经常在这里举

办活动，因而屋顶、露台也被巧妙使用。由于朝向较好，景观独特，

这里变成了喝茶和待客的好地方，这种由业主二次创造的功能空间超

出了建筑师的预想。借此房子的使用功能发生了变异，已经远远超出

传统意义上纯居住的概念。如今，租住在中信红树湾的外国人日渐增多，他们选择这里的最大原因除了优越便利的区域位置外，另一种因由可能是因为红树湾由最初的纯住宅变成了一个承载不同生活方式的生活域所，这种生活方式上的契合度恰恰印证了其居住空间的包容性。居住空间并非是在建筑师所设计的建筑落地完成之后便彻底地尘埃落定，而更像是一个"半成品"。由此而来，"城市森林"的意义得到进一步丰富，建筑师所种下的"树苗"还需要居住者根据自己的喜好修剪枝叶，且不仅止于此。

所谓森林空间，即是在建筑、景观、规划等综合性、一体化的"混搭"式布局之下，于细节处精致营造并以此塑造出空间的开始而非一种浅层意义的终结。柏涛探索如此可变空间，是谓寻求一次"打开"，其中之义既是基于自我打开视窗的一次探索，也是试图打破自我壁垒再而发生全新自我完成的一次尝试。

深圳中信红树湾　实景照片

深圳中信红树湾 实景照片

我们塑造了建筑，反过来建筑塑造了我们。

——温斯顿·丘吉尔（Winston Churchill）

此 时 此 地

在波托菲诺（Portofino）有这样一个故事：二战前，一位老人向镇里申请把自己的房子后院加建一个带阁楼的小房，经过镇里居民的商讨，同意了他的请求，但要求新建的房子保证与过去的老房子保证合适的距离。当一家人正准备请来设计师参与设计时，二战爆发了，建房计划被迫终止。战争结束的几年后，老人的儿子提出申请继续战前的建房计划，但因战后战争破坏的房屋与市政设施亟待修补，便遭到了镇议会的拒绝。又过了十几年后，锲而不舍的一家人终于得到了镇议会的许可，开始继续在他们心中那个萦绕多年的小计划。然而苦寻设计师却依然无法找到能够被镇里的居民尤其是邻居所认可的设计。待到老人的孙子那一代时，一家人自己也觉得无论何种设计都会使得周边感到压抑且缺乏美感。最终一家人改变计划，决定对老房子进行彻底的修葺，精致细节、完善功能。

　　自家人建房需要通过镇议会的审批，可为何还需征得周边居民的同意？波托菲诺对城镇文脉的敬畏值得我们深思，此种敬畏不但来自于历史的延续，更多的是居住者对其生活浓烈而又厚重的情感。类似的情感不仅存于波托菲诺，对于任何一个在某一地方有着长期居住经验的居住者来说，都有类似的"念旧"而非"喜新"的情感特征。转而面向深圳——一个从小渔村发展而起的经济特区，如何在这个"白手起家"的城市里置入一个意大利小镇而被来自各地的"邻居"们所接受？四面八方赶来"渔村"的人塑造了深圳的多元文化结构，其中便蕴涵着颇丰的城市包容能力。倘若小镇形成单一的居住式社区，则需要以一种必要的方式在如此的中心地带构建与环境的联系。"环境对人的影响，意味着建筑的目的超越了早期机能主义所给予的定义"，诺伯－舒兹（Christian Norberg-Schulz）的这句论断，直接指向了场所精神之发生。波托菲诺若想像古罗马人寻找到其"守护神灵"，也定然需要居住之外的意义。在这些思考下，"公共空间"成为我们的核

华侨城·波托菲诺纯水岸 实景照片

心议题："独乐乐不如众乐乐"，用心如此认真而转嫁过来的波托菲诺何不让"邻居们"一起感受意大利悠悠以乐的生活状态？以此，柏涛提出了"寓游于居"的概念，即以这个慢慢悠行的意大利小镇作为主题，将旅游与地产完成一次"混搭"式的结合。其中所蕴涵的公共景观资源由此成了被"邻居们"所接受的意义之桥，同时也给柏涛带来了一次令人兴奋的挑战。

人似乎对"纯粹"有着本能上的所求，"游人求动"、"住者求静"，如何在二者的动静之间寻求一种互不干扰的平衡？"宁静独处，又天天与人交往"，是勒．柯布西耶构想的理想居所，也恰是波托菲诺所给出的答案。距静谧安宁的巷道咫尺之遥便是热闹活跃的花市、广场和商业街的格局：滨水栈道，意大利风情商业街、广场、钟楼与社区契合无间，湖畔建筑如一幅油画，色彩斑斓、风姿绰约，一派亚热带滨海风情铺陈眼底；或嬉戏、或交谈、或信步、或凭栏，微风熏

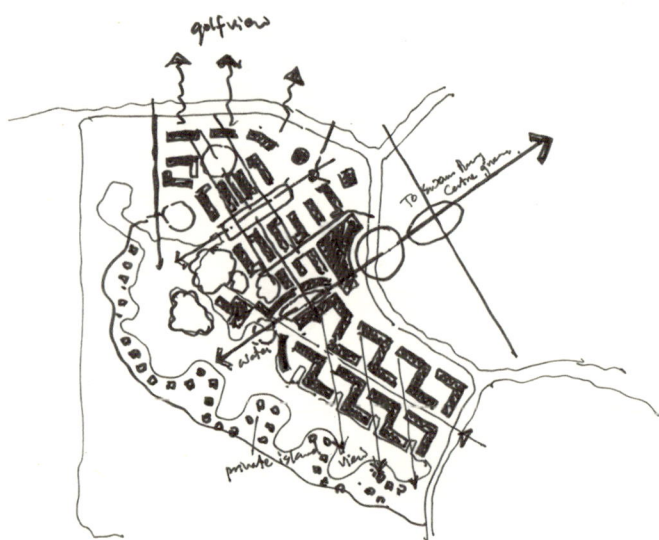

华侨城·波托菲诺纯水岸　水岸平面

醉，日出日落；广场边、咖啡馆，一份报纸，一份悠闲，便是一个下午的时光。

在传统语境中，"形"意指表现形式，而"神"意向精气神韵。世上公认上佳的散文，都有一共同的特点，即"形"散而"神"不散，却聚于无物之中。所谓"神形兼备"，"形"是"神"的载体，恰可以任由"纯粹"与"混搭"的不羁游离。

尼采的一句"上帝已死"，直接带来了解构主义的波流，过往的单元化秩序承受前 19 个世纪未曾所有的怀疑。解构之于建筑，也正是之于"意义"二字的重新考量。波托菲诺的钟楼在规划设计的初期，柏涛曾坚持对原有的钟楼进行重新设计，使之赋予更多建筑师所看到的意义。然而作为意义坚持的传达者，却多少有些迷失，意义的传达是可以被深谙建筑语言的建筑师或是其他所懂之人察觉的，然而面对大多数，意义失效无疑会让设计本身走向一种缺失的困境。钟楼未被重新设计，是来源于建筑被"符号化"的所谓纯粹意向，是面对现实的无奈妥协乃至挣扎，"纯粹"与"混搭"之间极需把握一种黑白相守式的平衡。

　　我们的确生活在一个混搭的世界，但是混搭并不等于混淆。混搭实际上是"纯粹"升华后的一个更高的境界，是在深入了解各个"纯粹"精髓之后的融会贯通，是在纯粹基础上的再次创造。好像做无国界融合料理的主厨们，都是在对各式菜系（纯粹）有了深入了解的基础上，对食材和烹调方法做以重新的编排组合（混搭），以期让食客的味蕾"耳目一新"。我们作为规划师、建筑师或者城市设计师，也需要在对古典、现代、后现代、欧式、中式、亚洲风格等种种"纯粹"在深入了解后，才能创造出更具地域特征、体现场所精神的"混搭"产品，而不仅是在简单地堆砌"世界之窗"。

　　无论空间、表皮、肌理，任何的建筑设计或规划概念都是建筑师的语言述说方式，"建筑语言"不单单可以被狭义地界定为文字语言的特定概念，同样也可以广义地被理解成世界建筑史数千年的任何一次构建方式。文本语言所带来的"偏差"已经被解构主义者试图用语汇

华侨城·波托菲诺纯水岸 实景照片（摄影 高文仲）

的颠倒、重构进行一次新的"校正"，然，于建筑师而言，当建筑也被日趋"肢解"走向碎片的时候，如何能够重新组合，完成一次新意义之上的"混搭"？

华侨城·波托菲诺纯水岸 实景照片（摄影 高文仲）

华侨城·波托菲诺纯水岸 实景照片

chapter

4

扭曲与平衡

建筑不是一种职业，而是一种心灵的习惯。

——勒·柯布西耶（Le Corbusier）

错 位

在过去的几十年间里，随着国家经济的高速增长，整体的社会文明并未取得与之相对应的提升。而这种物质文明与精神文明的错位所导致的结果，就是在一些领域，我们会听到或者看到一些在成熟的发达社会里少见，甚至没有的，有违常态的古怪场景，暂且称之为"扭曲的现象"。这种现象并非我们所独有，在当今的任何一个发达国家历史上也几乎都曾经出现，尤其当一个国家或地区经济处于快速增长时期的时候更容易显现出来。建筑，作为一种带有明显时代特征的"三维档案"更能清晰地展示出这种扭曲的需求。从古代帝王耗费巨资的陵寝，到中世纪欧洲那些纷繁复杂的巴洛克（Baroque）线脚，再到今日欧洲、美洲、大洋洲齐聚神州的规划设计"饕餮盛宴"，无不向世人以及后代们展示着一个，现在或者曾经，经济繁荣的"扭曲时代"。

建筑设计的过程是一个从起点到终点的艰难跋涉，技术、方法、

手段……凡此种种，建筑师如果缺乏上述条件的积累，就无法顺利地到达终点。一个成熟的建筑师，设计手法的运用也会日臻成熟，尽管如此，也无法预示着他们能达终点，要么在跋涉中迷失，要么迷失于手法的诱惑，或者是被资本"绑架"，而沦为地产商的附庸。

"存在即合理"，我们当然也不能无视流行，无论是巴洛克风格，还是欧陆风情。这些东西都是公众对建筑细部开始有粗浅认识时的产物。但是这种粗糙的细部难以直指人心，它们将会一天天地走远、消失，甚至在可预见的将来成为笑柄。

手法是流行的表象，方法则是扎根于特定时代的解决方案。当一个建筑的手法和方法都不再被采用，但建筑本身永远不会被人们忘记的时候，那个建筑会成为不朽。因为它们达到了建筑设计的终点，正如柯布西耶所言："建筑设计的起点是问题的发现，终点是一种直指人

天津中粮体验中心　实景照片

心的境界。人们使用石头、木材、水泥，人们用它造成住宅、宫殿，这就是营建，创造性在积极活动着。但，突然之间，你打动了我的心，你对我行善，我高兴了，我说：这真美。这就是建筑。艺术就在这里。"

当样式繁多的手法主义充斥中国大地的时候，或许就代表着一种错位。这种流于其表的错位至今未能烟消云散，于是流行风格逐渐演变成了"拼贴建筑"。在建筑表现水准的掩盖下，"形式之美"往往令人啼笑皆非。

在当下中国的语境中，"形式"这个词处境尴尬。其实，形与式是指外形和秩序。形式本身有自己有趣的秩序，多重的层次、多重解读和体验的可能。一个迥然不同的"形"可以令人印象深刻，但是"式"的存在，会让"形"变得耐读和回味。形式本身所拥有的丰富内涵并不亚于功能、技术等其他范畴。如果简单地把形式理解为手法的堆砌，或者实用但并未赋予有秩序的构图原理，那么形式也会流于"形式"而经不起推敲。

柏涛反对虚无的理念，拒绝错位的形式主义。每一座建筑都有其特定场所的意义，而不是在穿越历史当中，寻找愉悦。

柏涛的主创团队皆为建筑师出身，从事着居住类产品规划设计工作，这同样也是一种"错位"。与规划相比，建筑重于塑造，规划则偏向于扁平化的逻辑。对于人居空间，除却着眼于单体建筑的形式构造之外，更多的是在整体的空间组织上有所发力。一个典型的规划师和一个典型单体建筑师，有诸多共通，但也存有迥异。建筑师的规划，往往带有基本的建筑情节。由单体建筑想法支撑的规划会有生动的表现，但在感性与理性相持的状态下，出于情感或者渴望，对整体的驾驭有时会超过规划所要求的应有的理性力量。初始热情的最初导向原本是对单体建筑的"精雕细琢"，可立于现实，彼时的热情又无法得到基本的释放。如此的纠结磨砺，使得我们在自我矛盾当中寻找平衡，并试图能从中寻找到建筑与规划的互补之处。

人居空间的区域规划对城市的一些条件、对于人的需求有着更为细腻和直接的表达。其空间的使用涉及人的各个层面，从最基本社会问题的解决到最高端生活的建构，都会包含其中。不同的社群、不同的感受都需要予以关注，所以关注本身便直接投向了城市的基本价值

观。社群取向的"提炼与屏蔽"成为空间内容乃至形式的结构支点，我们试图着手于这样的空间内容的构建，进而发掘出基本的社区价值取向。相对而言，建筑语言是一种"体验语言"，需要人通过最为直接的使用需求与感受来体现其语言魅力。这就要求我们对此两类语言表述方式都能"正确表述"，才不至于造成形式的扭曲。

随着我们对规划的参与，基础逻辑在设计之中会慢慢成形，柏涛在设计中所形成的基础逻辑并非是通常之意的梳理，而是形式关系的演替。即在建筑乃至规划整体的具象表达上，将其中原本看似对立之事物进行形式关系上的转化，使其构架出新的关联，重新排列，以此建立新的相对法则，塑造有秩序的语言逻辑。

遗憾的是，在中国经济快速发展的当下，理念与谎言之间的距离越来越小。在建筑尚未成为商品的时代，由于建筑和城市设计者对于

绿地国际花都-商业街 实景照片

柏涛作品 实景照片

理念的坚持，才开创了一个全新的历史，塑造了时代的精神。无论是霍华德的"花园城市"，还是柯布西耶的建筑新五点，以及密斯的"少就是多"，这些都是理念的理想境界。但是，在当下的中国语境中，理念的形式与意境也被大大扭曲。从某种程度上看，理念的大行其道，显示了世俗世界对建筑形式的好恶。

我们认为，理念拥有绝对的价值，不会随主体思想的演进而发生变化。建筑和城市设计中的理念不应该逃避社会的责任，否则理念就会变成谎言，堕落为僵化的力量，妨碍真善美的产生，甚至滋生罪恶和丑陋。重拾对形式的关注是完成真实有效创作的有效方法。我们所要解决的形式问题是基于真实的表达，而不是陷入无限的交叉当中迷失了方向。建筑可以诉诸理念，但是这种阐述应该服务于建筑而非其他。

珠海中信红树湾 实景照片

　　除却价值观的不同，沟通不畅同样是"扭曲"产生的一大原因。在和政府或开发商沟通的过程中，柏涛尝试以"关心他人的自我"出发，我们谓之曰"错位思考"。

　　阿兰·德波顿（Alain de Botton）在《身份的焦虑》中曾直言不讳地提到："他人对我们的关注之所以如此重要，主要原因便在于人类对自身价值的判断有一种与生俱来的不确定性——我们对自己的认识在很大程度上取决于他人对我们的看法。"建筑师与政府、开发商在建筑设计的全过程中便在"关注者"与"被关注者"之间不断地进行着角色更替。所谓"错位"，便是在更替过程中不断地留下确定与不确定的痕迹坐标，而并非以简单且人人可见的"建筑设计师"这一主体身份与意识存在，更希冀努力成为与一个与此时此地抛却利益关系的"客居者"。

　　"错位"和"换位"不同，通过"错位"能够塑成"关注者"与"被关注者"共时性的存在，而非彼此的孤立。"错位"是在尊重"他人的自我"中寻找多元路径，相较于设计过程中单纯的利益考量，多元路径的找寻能够推动利益整合，催生带动各个力量转变形成合力。

从建筑师参与设计直至建筑落成的过程中，唯有"错位"，才能持以主动。"错位"并非泯灭自我创作的火花，在严谨的逻辑和中庸的妥协下，我们依然可以做出一些具有特色的可以被认知的设计。某种条件下，可以实现一个相对较为理想的统一。

只有当理性占统治地位，激情和欲望得到控制时，个人的灵魂才是正义的。

——柏拉图（Plato）

缺位

　　卡夫卡的《城堡》讲述了一个荒唐且简单不过的故事：一个外乡来的土地测量员 K 声称有人聘请他进入城堡工作，当局获悉此事后，却想不起来对 K 发出过任何邀请。K 想方设法与他们建立联系，并且试图努力地寻找城堡中的最上层人物，可是他却永远都到不了最高层。故事来来回回地讲述着 K 是怎样想尽一切办法和手段想与城堡取得联系，却又一次又一次以失败告终。城堡里的居民们以一种无所谓的态度，甚至是敌视的态度对待这个不速之客。各种各样的滞阻像一张无形的魔网一样让他无所适从，一切的努力都化为徒劳。尽管城堡就在眼前，可是直到临死，K 都没能进入城堡。

　　在客观的现实环境下，建筑师虽然没有像 K 一样，在强大、僵化的体制面前，经历着荒诞、恐惧、异化和难以排遣的孤独和危机感，但是却感受着无奈与扭曲。15 年来，我们总能听到同一个主题的不同变化：中国的 GDP 保持着两位数的增长。但是这个看似骄傲的数字却难以让建筑师释怀。

　　和谐社会的构建来自于不同力量的均衡发展，当资源过多地被一种力量主导时，秩序就很容易失衡。房地产制造业已然从钢筋、混凝土等第二产业需求延展到餐饮、购物第二产业继而形成利润丰厚的"产品链条"，成为现今 GDP 保级构架中的"承重柱"。从业过程中，我们所亲历的是大量的农田、大量的土地由于 GDP 的驱使，被地方政府变卖或开发。土地严重流失，同时也造成了惊人的浪费，以及山水环境的断裂，某些地方甚至出现了"空城现象"。土地财政助推了房地产行业的"繁荣"，然而单一的经济来源极易造成行为上如赌徒般的孤注一掷。诚然，在国家的制度规范之中各类要求基本确保着相应的理性与底线，可面对利益推动而导致的高开发强度却忽视了建筑师群体有限的时间与精力，二者之间扭曲式的断裂是应有"中间人"的缺位。

三亚中铁置业广场　实景照片

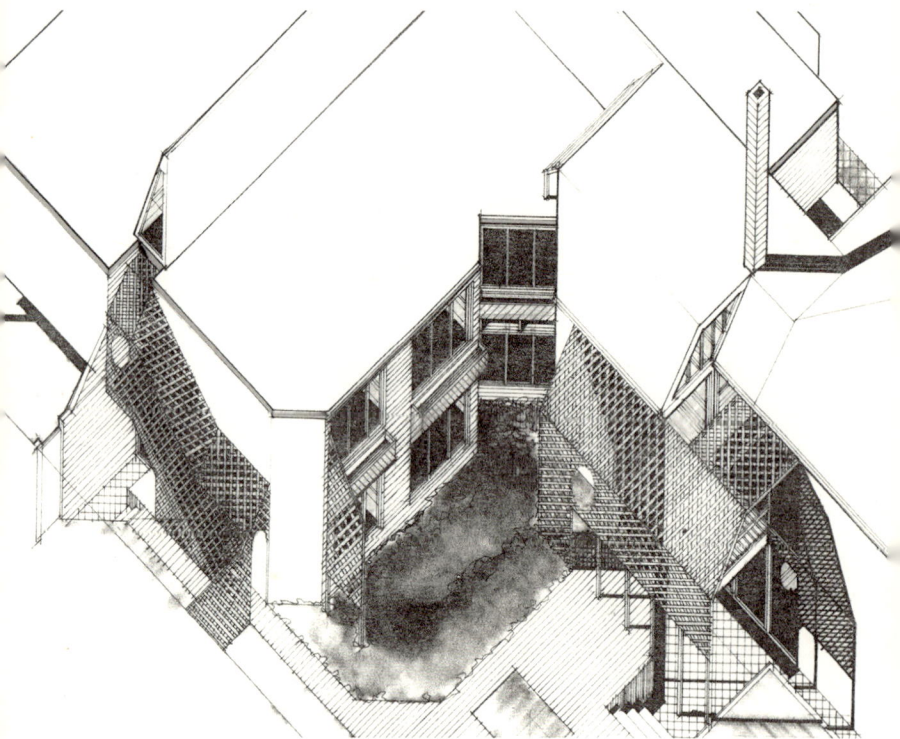

柏涛　建筑草图

居住关乎民生，政府的力量无疑是巨大的，中国建设的规模和政府拥有的资源在全世界都是罕见的。而这种罕见的情形就出现在建筑师的旁边，但是客观地看，在这场本应该由各方参与者参与的"游戏"中，建筑师是缺位的。在此情形下，不扭曲才是例外。社会的"底色"应该保持其鲜亮的透明感，但是整个社会的大环境从某种程度上却使建筑师成为另外一种角色。当我们谈及被污染的道德氛围时，我们并不仅仅涉及那些被污染的环境，而是我们自身。从某种程度上讲，建筑师当中没有人仅仅是牺牲品，我们也都是共谋者。

利益与欲望左右着房地产行业的风向，在这一点上，如果说尚有可以理解的点滴之处的话，那么在具体的政策和法规的制定与执行上，由于建筑师的缺位，专业的力量被蒙蔽，盘根错节的各种利益关系却让建筑师成了十足的牺牲者。

当下利益驱动下的"面积附送"虽使居住者享受到了一定的益处，却造成了开发商完全不顾建筑设计的立足法则，将其利益牵绕之下的"附送"作为建筑师设计通过门槛的必选项。起初对于理想的尝试如今被滥用，已然失去了原有的味道。设计由此丢弃本源，抛开了其本身应有的建筑意义而被扭曲成了为了设计乃至为了利益而设计。

任何美好的理想都需要利益的分配和心理的权衡。在设计的过程中，我们自然会遇到诸如政府、甲方等的问题，当各方力量无法均衡的时候，建筑师的主张就会受到限制，和谐也无从产生。在这样的过程中，通常建筑师往往会起到推波助澜的角色。尽管我们可以保持清醒，但是也不得不遵循消费主义的游戏规则。

在不尊重专业的风气下，我们似乎都变成了道德上的病人。我们习惯于不尊重常识，习惯于不敢相信，学会了互相否定及仅仅关注自己。一些基本的概念，诸如公平和信誉失去了它们的深度和尺度。

我们面对着一个利益多元，公民素质亟待提高的现实。这就要求我们让不同的利益群体参与到这个利益链条当中，参与建筑的设计与运营，让我们的政策更透明，政府的权力受到监督，只有这样才能够保证建立一个和谐社会。我们需要的是建立一个有广泛参与的制度化的利益表达和凝聚机制，在这个机制当中，建筑师的声音应该得到保障。我们需要一种新的思维来保证不同利益表达的正当性，建立一个良好的适合利益表达的渠道。唯有如此，才能让政策法规的制定不会变成"恶之花"，开发商不会变成"人民公敌"。

建筑师是我们这个时代的一个缩影，他在房地产这个行业链条当中是无奈且无力。在庞大的体制当中，建筑师的孤独和尴尬是真实且耐人寻味的。身在其中的我们无论如何抗争努力，都无济于事。强大无形的外来力量始终控制着一切，使得我们身不由己。这让建筑师渗透着叛逆思想，倔强地不甘放弃希望的同时，又表现出对一切都无能为力、无可奈何的悲观。而那种陌生孤独、忧郁痛苦以及个性消失、人性异化的感受，也恰恰是中国社会转型期的一种社会心态的反映。

有时就像卡夫卡故事里的 K，我们同 K 一起，偶尔走在城堡外的雪地中，无奈地观望着周围发生的一切，孤独地坚守着唯一的，又或许是根本没有的希望，在政府和开发商的博弈中"沉沦"，逐渐看透属于这里的真相。或许这样的扭曲只是沉浸在里面的，我们从不曾察觉，从不曾拒绝罢了。

我们并不乐观，也不悲观。因为整个社会正在发生变化，我们将固守自己的本分，在我们自己可以把控的范围内，做好建筑师的工作。如果把 15 年来所有遗留下来的不幸理解为与我们自己毫不相干的某件东西，那是非常不明智的，如果我们接受这样的解释，那么我们就能明白该由我们每一个人来为此做点什么。

　　中国居住建筑的快速需求给我们带来了相应的社会责任，中国当代建筑师没有可靠的历史与现实可依，柏涛对自身社会作用的觉醒在社会责任的催促中形成。相对于西方建筑师，虽然资本占据着主导地位，但是，他们可以凭借历史的道德传统和地位，以及权力制约和多元利益集团的力量制衡来对抗纯粹的资本诉求。当下，中国建筑师扮演着如此高度却相当脆弱的社会性角色，在此语境中，柏涛所要面对的不仅仅是中国建筑师长久的历史缺位，还要面对资本之下更为复杂的现在。

　　"我能够做什么，我应该做什么？"两个自始至终伴随我们共同成长的的问题依旧可以很好地作为建筑师的职业标尺，以此在当代社会中明确自我位置，由一个无奈的缺位者转变。我们希冀着努力以优秀的专业水准对待，不被其设计之外的考量因素所主导，形成针对建

筑专业知识的深刻认知，塑造出建筑师应有的职业精神。卓越的建筑

师不但要以理性的持重审视建筑本身，也要怀着感性的热忱关怀世界。

面对历史，我们不但要以手术刀般的精准把握自我定位，构建丰富而

独立的专业认知，还要融入社会，寻求伦理与责任的共鸣。

在路上的第五园

听说只因

和那探出墙头的栀子花

打了个照面

路过的萤火虫

就斑斓在孩子放肆的追逐中

溜出来的荷香

掰开晚风

氤氲了小镇

雨后的梧桐

穿过那绿色的提示

让巷子中走过的那个素衣女子

手中的玉兰

水晶般的透明

谁用神秘的诗带领我

让岁月之外的阳光

在遥远中真实

那些被父辈抛开的

色彩和童话

还有那把厨娘的蒲扇

在村头布谷鸟的袅袅余音里

推开虚掩的红漆院门

跟着老槐树花返程

回到这宁静的小镇

回到……

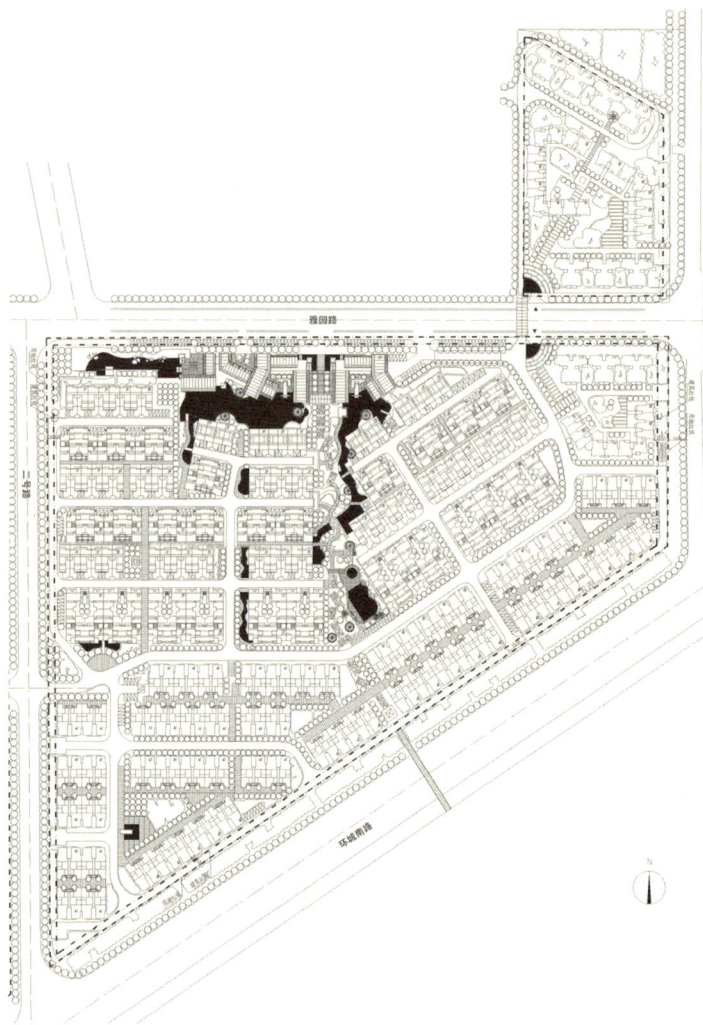

万科第五园　平面

　　"万科第五园"是我们对"扭曲"的一种回应，在其时全国劲吹"欧陆风情"的风潮下，站在十字街头的我们试图静下来去追寻应有的生活本位。彼时"五四""打倒孔家店"之真义是为"救出孔夫子"，而今日"欧陆风情"的存在是对于传统脉络与建筑本质极大的模糊不清乃至漠视。面对诸般"漠视"，我们力求在传统中追寻因扭曲而消逝的生活状态，以传统中积蓄而成的村落状态来构架一种"与古为新"的探寻。

　　从地域环境考虑，项目所处的位置恰恰为建筑师提供了一个进行探索和实践的相对自由的外部环境。深圳虽处岭南，但文化上却无源流可循；城乡接合部也决定了它并不存在一种既有的城市文脉或肌理亟待关照和回应。从众多传统住宅的空间模式和序列中汲取典型要素加以重构，成为本项目所采取的探索性的策略。

　　设计条件的约束使传统的"深宅大院"一下子变得力不从心，二三层的联排住宅作为基本类型来展开，而恰恰为"村巷院宅"——这一具有代表性的传统空间组织方式创造了先天条件。依循于此，两个联排组团便以宽窄交织的内部街巷、恰到好处的单体扭转塑造出自

万科第五园 实景照片

然生长而成的传统村落所具有的生机活力与生活情趣。村落之间的带状空间诉说着"村头"、"巷尾"的意象，看似无意间点缀其中的溪桥、牌坊又铺陈出传统的韵味。"墙"、"院"这两个符号性的中式元素有着不同的属性。墙为"实"，院为"虚"，看得见的"实"为的是塑造看不见的"虚"。墙已超越了独立的住宅单元，作为直接解构空间和形式的手段，转化为整个组群的构成元素。"双层墙"的设计又解决了形态与通风、采光等功能需求的矛盾。院的诸多形态各有所属：较大户型的前院、后院、内院中庭较为宽裕，较小户型则采用将独立前院的四户或六户联合成组，由各自的院墙围合成一个更大的半公共前院，由此入自家宅门，这便是"六合院"。

如中国传统村落，万科第五园是开放式的。商业街作为公共空间，虽然拥有更大的自由度，但也承载着更多的期望。我们试图通过传统古镇的组织手法，将内街与外街相互穿插，辅以内院、外院，辗转迁

万科第五园 实景照片

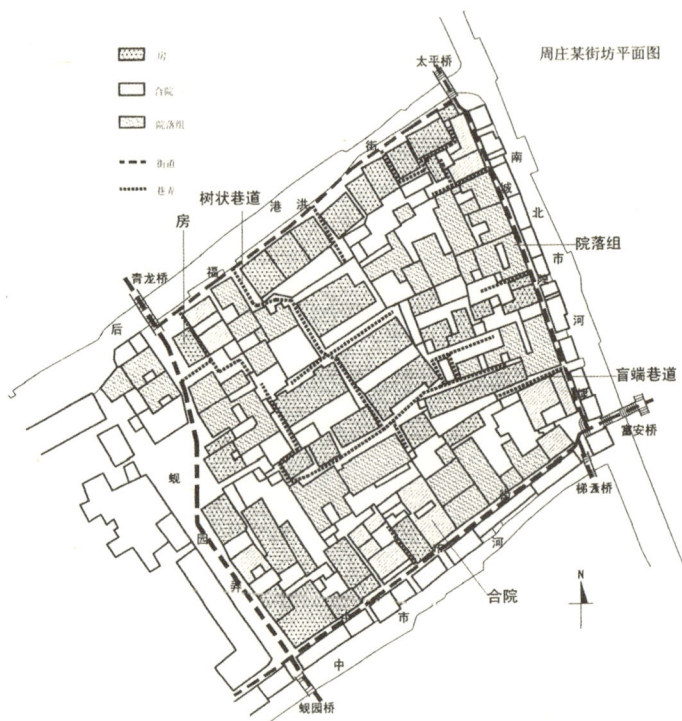

周庄某街坊平面图

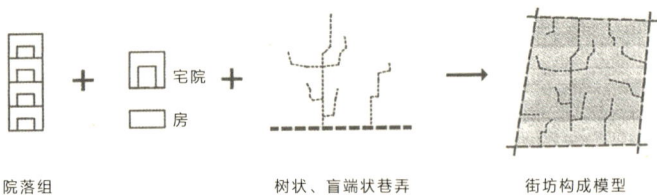

院落组   树状、盲端状巷弄   街坊构成模型

回，收放有秩，一派流水绕芳村的意境。

　　国人骨子里的中国情结或许不尽相同，但对传统建筑精神的探寻却有着普遍的认同。第五园为探索一种适合中国当代社会状态的生活方式所进行的尝试或许可称"现代"。

　　法国人类学家列维－施特劳斯（Claude Lévi-Strauss）的研究表明，文化结构如同各个系统一样，是稳定不变的。构成结构的任何系统中，其各个构成因素之间自始至终都维持着相互依赖的紧密关系。其中的任何因素都不能独立于整体系统而发生自由之变化。无论是古代，还是现代，也不管是东方，或者西方，文化结构是同型同构的，它深深地隐含在语言和亲属关系之中，始终不变。在人类社会各民族、各种族之间，虽然存在不同的语言、习俗、制度和思想等，但它们在本质上是一样的，不存在"先进"和"落后"、"文明"和"野蛮"的区别。

　　列维－施特劳斯（Claude Lévi-Strauss）的研究结论是人类学史上的转折点，它使得人类学研究的性质发生了重大变化。他的研

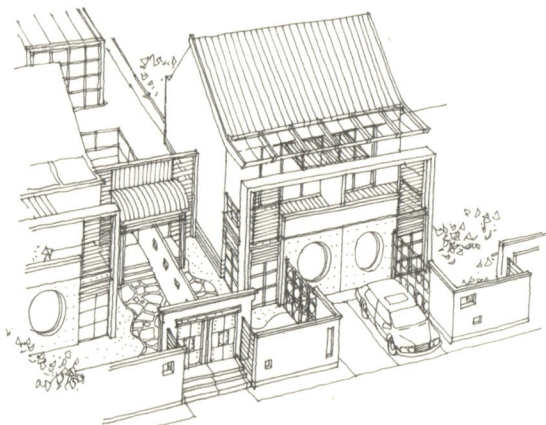

万科第五园 庭院空间

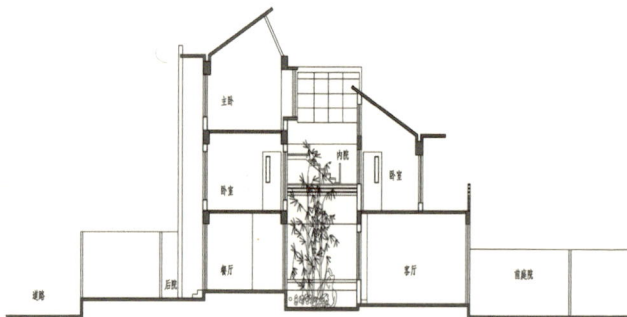

万科第五园 单体结构

究也让我们看到中国文化的固有秉性决定了文化自身的强大生命力，这种生命力不会因为时间和地点而发生断裂，也不会因为激烈的革命运动而灭绝。中国文化结构的超稳定性也启发我们，在价值体系缺失的今天，面对扭曲和失衡的社会形态，我们可以通过建构的方式对价值探索这一终极命题有所回应。

在中国南方，村落作为社会文化的基层单元在原有的社会结构中体现着其独特的自然美，它是一种衍生的过程。村落中的每一个成员从出生到宗祠登记，到有所纷争时去宗祠取得评判等，都是一种通过人脉和宗族关系进行的自然延伸。在这样的村落文化构成下，建筑也成了其构建宗族文化的一种方式，合院建筑成为整个村落长幼尊卑和礼法人伦的载体。村落整体映射出"天人合一"的哲学观念和"差序有致"的伦理观念，二者分别是对"人与自然"之"通情"和"人与人"之"达理"的和谐之态。

建筑就营造而言基本被分为两个层面：一是建造层面，二是体验层面。倘若从传统的居住方式来入手，建造并不是改变的出口。传统与现代的衔接应当置于体验层面之上，将其最为简单的体验元素加以

提炼运用，而不是以形式的变化进行传统的延续。从元素的具体呈现

来看，对于传统居住空间元素，需要滤去诸如高层宫廷式的元素，着

重于民间的意象。从格局严整、功于营造的皇城，到自然生长、延绵

多变的南方村落，我们更愿意选择充满生机和生活情趣的后者。从整

体的空间构成来看，中国传统的生活形态像是"围城"，大至城墙，小

至宅院，如此的空间构成便来源于中国传统农耕式的"内向"生活。

　　中国传统院落格局的最大特点是藏与露的博弈，在二者博弈的行

进中以层次的递进而得以展现相关的空间变化。欧阳修的《蝶恋花·庭

院深深深几许》虽然是对闺中少妇哀怨伤春的深婉，但其字句中"庭

院深深深几许"、"楼高不见章台路"却不经意地呈现出了传统院落的

氛围体验。相比于西方文化中别墅与花园构成的十分鲜明的居住概念，

如此的氛围体验并不十分强烈，但其中不温不火、娓娓道来的空间叙

述方式描绘的是一种中国特有的生活韵味。这些生活韵味在传统社会

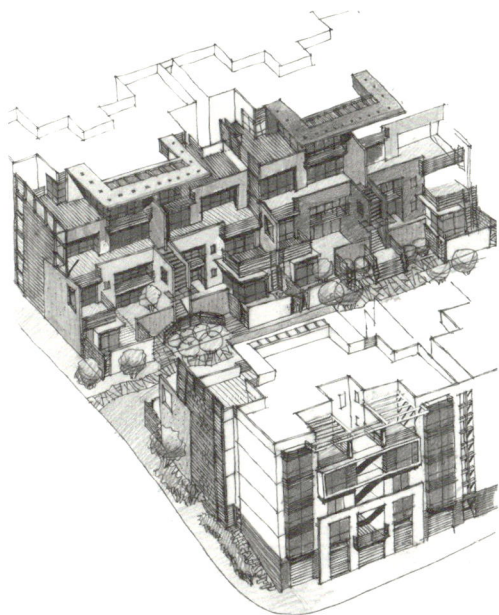

万科第五园 庭院空间

万科第五园 实景照片

万科第五园　实景照片

万科第五园　立面

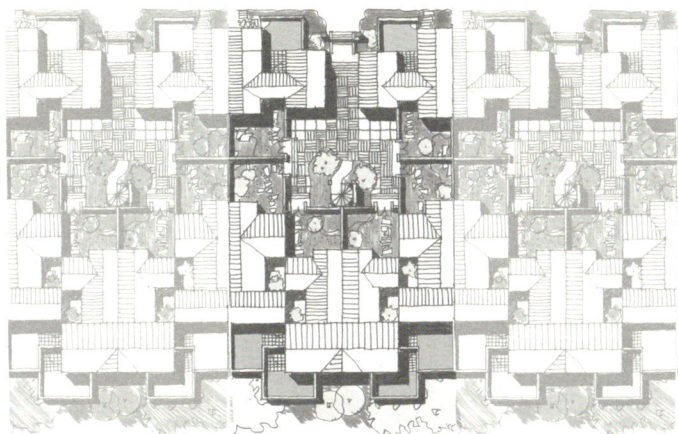

万科第五园 庭院空间

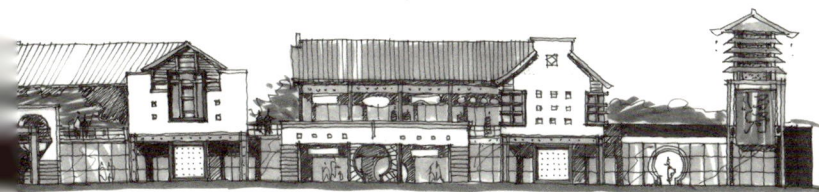

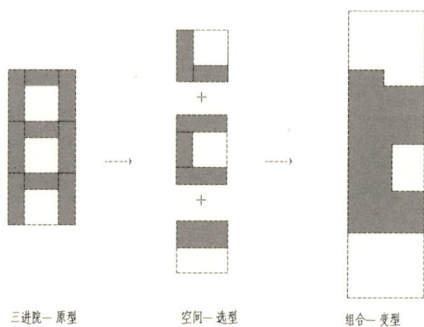

三进院—原型　　　　空间—选型　　　　组合—变型

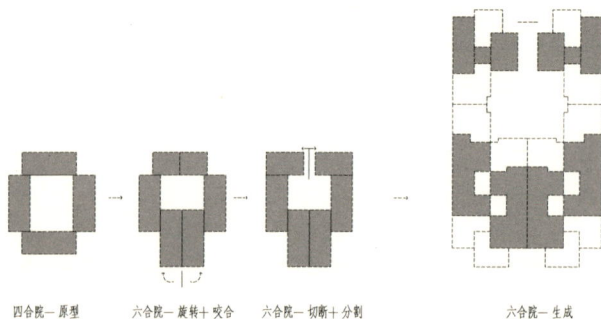

四合院—原型　　六合院—旋转＋咬合　　六合院—切断＋分割　　　　六合院—生成

来看都是十分自然地形成，如明代继承于中国传统园林"虽由人作，宛自天开"精妙概括。在一个传统的内向型的院落中，一口天井不大，但所有的水都到中间来，一口印，滴水归一。雨后，在屋檐顺流滴下的一滴雨水便可以让观者发生动容，乃至吟诗作画。这些便是中国人在传统上的一种生活方式，同时也是传统中国人的心态，是传统对话自然的基本方式。

我们试图通过对传统居住空间的研究、挖掘和整理，将传统的元素经过有益的提炼或抽离运用到现代生活中去。我们首先的做法是针对院落层次的组合。面对设计中研究到的多种院落组合的可能性，我们试图去寻找一种整体村落的结构状态，把彼此之间的围墙进行脉络式地串联，将其整合成一个有机的整体之后，用简单的方式来表达，于是形成了现在多进院落的基本组合。

设计中对于较大的户型不但设置了前院，更设有内院中庭，客厅与餐厅分设于庭院前后，厅室的落地门尽可能地开向内庭，尽享风光。由前院入室的门廊与院侧的回廊语汇相连，明暗开闭交替，五六米见方的内院，虽不算庭院深深，却也小中见大。对于较小的户型没有设置中庭的面积资源，但仅设前院空间层次又显单薄。因此在设计过程中尝试将具有独立前院的四户或六户单元组合成一组，由各自的围墙围合成一个更大的前院，人们经过这一前院再进入自家的内院，形成了一个"六合院"的基本构架。这个"六合院"塑造的是一个半公共空间，意图去丰富整个"村落"的外部空间形态，也为院落中人际交往提供了一个新的场所。

中国的传统村落是由街道组成的，在传统居住空间中很难有大尺度的花园。出于对传统的延续我们试图把常见的块状绿色空间变成植入空间，插入整个设计之中。通过人为的规划，形成有序的错落，造成村落的偶然性，希望这种人为塑造出的偶然能够给整个村落的格局带来了一种随机意趣。

中国传统建筑展现出了田园般的情境，如何用建筑的方式将其呈现，需要不断地进行挖掘。在博大精深的中国建筑里面，我们试图去提取这些元素，滤去浮华，回到当代人的生活状态中去。

如果说，建筑对它所处的时代负责，那么建筑师就要对他设计的建筑所产生的影响负责。面对这样一个时代，建筑师是随波逐流跟随时代制造一个个同样扭曲的作品；还是在能力所及的范围内，依据自己的尺度，寻找一份相对的平衡。柏涛在过去 15 年的规划设计实践过程当中选择了后者。面对政府的种种期许，开发商们的样样要求，以及作为一个建筑师最朴素的美学诉求，我们周旋其中争取、妥协，退让坚持，兼容并包。我们没有在这样一个纷繁错综的时代里，完全地放弃提出建议的权利；我们会选择在这样一个扭曲的时代里，保留一份自我的平衡。

chapter

5

困惑与平和

他见的越多，怀疑的东西也就越多。对各种人进行考察时，他常常发

现，勇敢无非就是大胆一点，谨慎其实是一种胆怯，豪爽则是狡黠，公理

实际上是罪行，文雅那是愚蠢，诚实只有某种素质。奇怪的是，好像这是

命运安排好了似的，他又发现，真正诚实、文雅、正直、豪爽、谨慎和勇

敢的人，是得不到任何尊敬的。

——奥诺雷·德·巴尔扎克(Honoré de Balzac)

策 略 达 成 平 衡

很多年轻的建筑师在刚刚接触实际规划设计项目阶段，面对一份任务书会产生各种的困惑：政府要求的区域形象如何展示，开发商关心的各项指标如何完成，未来业主的居住品质如何保障，总图到底是直线路网还是曲线，整体形象采用哪种规划风格，标准层平面是大还是小，户型标准如何确定等等。以上问题种种，即使是一些小有经验的中青年建筑师仍不能够有十足的把握对其加以一一应答。解开这些困惑的关键就在于看待问题的格局和层面。"横看成岭侧成峰，远近高低各不同。不识庐山真面目，只缘身在此山中。"北宋大家苏轼在他的《题西林壁》一诗中就明确地告诉了我们解决这些困惑的方法。

随着时间的推移，现今地产界的发展日趋成熟。从早期开发商将设计公司放在着重的位置作为宣传的重要筹码到现在对设计公司的依赖程度逐渐降低，可以说地产界发生着不小的变化。基于这样的变化，设计公司的参与度慢慢集中于住宅产品产生的一个环节，在产品设计上只需把其相关的环节做得最大优化即可。戴维·迈尔斯（David Myers）在《社会心理学》谈及偏见时讲到人在认知行为中会简化对于一些事物的认知概念从而形成"刻板印象"，面对住宅的形式语言，对建筑认识不够成熟的开发商很容易形成相关的"刻板印象"。这会直接影响到开发商的思维定式，他们甚至会提出类似大屋顶或一个不适合的穹顶的要求，违背了建筑学本身的理性表达。如果开发商能够对建筑有所深入地认识，便可以更好地给设计师提供较为高度的自由，从而让设计师可以有所施展。柏涛对此应对的立足点就是换位思考，从不同角度看问题，这样就容易找到解决问题的办法。在我们看来，无论开发商"刻板印象"的程度如何，建筑师在设计参与时应该带有技巧性地引导，结合其喜爱的"现实语言"传达出开发商在建筑意义上的合理性所在。"他山之石，可以攻玉"，建筑师在关注设计的同时，

通过圆润的方式为自己争取更大的自由度,这对于设计而言是十分必要的。

当下,多数开发商注重投入产出的回报程度与速度,"投入少、见效快"是他们的利益诉求,对于商品开发来说,这无可非议。开发商普遍追求标准住宅的产品化,住宅的商品属性更加突显。其产品化的利润诉求使得居住空间的设计者变得被动,因此也就会出现一些建筑设计者无法控制的问题。商品住宅的生产线化容易导致施工、用料等多个环节的分离,加之缺乏所有环节的总体把控,这就会使得不同环节的完成参差不齐,直接影响到商品住宅这个大产品的总体品质。

相关的标准和规范也会引发整个链条的博弈,比如政府和开发商的博弈。建筑师在二者博弈的过程中便会不自觉地扮演"中间人"的角色,针对现实情况,做出判断并提供对应策略,达到既符合政府的标准和规范又尽可能地保证开发商的利益最大化的目的。从柏涛的视角来看,国内土地财政情况的不合理恐怕是问题的根本,土地价格过高以及楼价伴随性地升高成为整个房地产行业发展中成本控制的最大障碍。过高的初始成本价格导致了房价远远超出大多消费群体的承受能力，在如此情况下为了保证基本利益，开发商只有通过减小实际可销售的面积以促进销售。可是从建筑自身的居住体验上来讲，住宅面积的缩减会使居住体验在诸多方面大打折扣。品质缩水的同时，开发商只有再次通过其他地产附加值来吸引消费群体，从而干扰消费群体对于居住空间的理想和欲望。面对房价攀升的巨大压力，别无选择的消费者只好匆匆买单，却无法更多地关注到居住对于生活的意义。因此房地产行业中最为重要的建筑学意义逐渐凋落，甚至慢慢转变成为众方博弈中十分弱势的一环。"居住"作为人类生活的最必要元素，在当今中国脱离建筑学基本内涵而产生了所谓的"居住产品"之后，其重点的注脚被放在了"产品"而非"居住"二字。盘根错节的地产行业慢慢陷入了一种畸形发展的循环，令人深思。

　　过多的经济利益纠葛是当下房地产行业的现实困惑，但在面对这个基本困惑的时候仍然不能忽视其区别于其他建筑类型的"商品"属性，在这一点之上，出于现实基本考量而言"矫枉"似乎并不适于"过正"。回顾整个市场发展来看，可以观察到其中诸多变化都在围绕着这个基本属性而发生相关的联系逻辑。首先于商品本身而言，其关联物都有所渐进地变化，比如"商品"受众与"商品"本身会伴随着设计形成两者之间的互动；第二，既然其有着商品的本质属性，建筑师在其中的角色就会被模糊，作为建筑师要处理诸多不同的关系，需要考量不同受众群体的感受并且做出必要的平衡。由于牵涉多方利益，任何一方的变化都会影响到建筑师对于产品设计的掌控，由此也会造成建筑师的另外一层困惑，就是原本在建筑学理论或通常的建筑实践中并不构成障碍甚至不应该去顾忌的成分反而会变成房地产设计里面十分重要的部分。出于这样的认识与思考，在具体的房地产设计创作实践中，我们不太强调甲方所谓的理念、文化这些相关性不大的创意元素。相比这些来说，我们更加看重的是策略，通过对应策略实现对方方面面关系的平衡，从而最大限度地保证建筑师自身的创作。如此方式，也是我们面对自我困惑的解脱，以及对于平和的寻求。

居住类产品规划实践策略里包括很多东西，诸如如何给房地产开发商创造更好的户型，怎样让它有一个很好的价格，具有很好的市场表现力等。只有通过有效的策略，建筑师才可以在参与过程中把对于住宅建筑的想法融合进来。居住类产品规划涉及千家万户的利益，我们不能够像艺术家对待一个艺术品那样毫无顾忌地尝试自己的个人理想，只能在市场上把握一个恰如其分的解决之道，这样的平衡构建并非是简单牺牲个人理念而满足各方各面的妥协，反而是针对其事物本身做出的应有调整。

柏涛是一家以创作为先导的公司，所有的董事都在一线直接参与设计，这是我们最大的兴趣所在，也是一个值得珍惜的氛围。这样的氛围一方面可以让我们更纯粹地投入到工作中去，同时可以更直接和全面地了解客户所需，进而在实践操作层面采取更加务实的办法。面对利益错综复杂的现状，柏涛的策略是基于各种利益的平衡，从中寻找我们设计创作的支点，用我们基本的审美情绪和技能，结合一些现实的要求，创造出迥然不同且内容丰富的建筑。真正的理想主义者理当深谙现实，并提出解决之道，这应当算是柏涛在面对现实困惑时努力寻求到的一个平衡点，也是我们保持平和之心的心理基础。

绿地21城　实景照片

医生们可以掩埋掉他们的错误，而建筑师却不得不与他们的错误一起生活。

——贝聿铭

设计介入运作

　　对于一个致力于创作建筑精品的建筑师来说，被动地等待客观条件的改善似乎并无出路。这就需要建筑师把握住有利于建筑创作的一切机遇，努力化被动为主动，以争取更好的建筑创作条件，创造出优秀的建筑作品。我们的经验表明，最好的切入方式就是以积极、主动的姿态介入到建筑项目的整体运作中，并在解决相关的建筑设计问题的过程中完成建筑创作。

　　"介入"有一个重要的前提：即建筑师能够懂得建筑策划的相关运作，与甲方保持良好的互动关系。当然两者的立足点有所不同，甲方立足于建筑项目所带来的使用效益、经济、社会效益等，而建筑师更关注建筑学相关因素。但是，在甲方话语权占据主导地位的语境下，建筑师争取建筑设计的主动，无疑是在以积极和智慧的方式为现状的改变寻找一个突破口。其意义就在于拓展了建筑设计领域和视野，为建筑设计的突破提供了更多可能。

　　建筑设计工作的双重性决定了建筑师角色的双重性：建筑师既是创作者，也是服务者。在创作者的一端，建筑师执掌着其后所居者的生活，其权力虽不及创世纪时的上帝或是盘古那样绝迈，却也可在其之下体现人性的延续。而于服务者一端，建筑师有义务将"延续"推到极致，解决利益等诸多与其看似矛盾命题的不矛盾性。可以说，每一个建筑创作的成果都是建筑师在两种角色之间妥协的结果。妥协的结果可能是二者的消弭，也可能是两者的统一。子曰："君子和而不同，小人同而不和。"和谐背后的奥妙恰恰就在于不同的存在，故而两者相较，柏涛选择了多元的共生。

　　正因建筑师角色的双重性，才决定了建筑创作具有实现的可能性。建筑师在解决问题的过程中完成其作为服务者的角色，同时通过在解

决问题的过程所具有的一种建筑情怀来完成建筑创作的过程。所谓诗意的建造大概就在这里，既是一种生活或工作的态度，也是一种审美的创作的方式。

所谓"介入"，对于建筑师而言是要保持着足够的专业水准与深度认知，才有可能完成既具有鲜明的建筑特色，又充分体现了业主要求的建筑作品。

坐落在深圳梅林关口半山上的水木澜山，是设计介入运作的一个很好案例。从这个项目地理区位和户型比例构成来看，它的主要目标人群为城市中年轻的白领，甲方抱着一个开放的心态邀请我们规划设计。依据对使用者年轻化构成和其兴趣、爱好的分析我们提出了"色彩盒子"在高空中游戏穿插的概念。通过塑造盒子的构成和黄、红和蓝彼此的变化，形成一种交织错置的肌理。之所以选用红、黄、蓝作

水木澜山 色彩盒子

为外表皮颜色，是因为如此靓丽的色调打破了灰色基调固有的"稳重"（沉闷），建筑作为一个整体被注入了青春、时尚的活力。这样的活力并非涂鸦般毫无秩序地企图传递对于循规蹈矩的反抗，而是一种来自于人的个体、群体共同融汇而成的鲜活生命力。深灰色体块与白色墙体相互穿插。与之相对应，现代简洁的建筑材料，包括玻璃栏板、百叶、金属隔栅灵活组合，穿插有序。片墙是构成阳台的要素，内侧涂抹鲜艳明快的色彩，形成一个个悬挂的景框。底层的商铺运用极富韵律感的通透体块彼此交叠。

如果仔细探究那对称化的户型设计，构建"将庭院引入高空"的生活方式尝试会进入眼帘或跃然纸上。高层住宅其特性诚然无法如"山西村"一般"山重水复疑无路，柳暗花明又一村。"但其中变幻莫测的生活情趣和山水肌理却值得考量与借鉴。借此，在处理一些高层建筑的时候，我们有时也会把一些情绪化、情趣化的用于小体量建筑的手法置于其上，希望通过此种方式创造一些不是单调地排列或矩阵排布的生活空间，以此丰富居者的生活。

相对于城市的广场与住宅的客厅，社区的开放空间必须兼顾公共性与私密性的双重特征。社区的公共庭院安排在一层裙房之上，利用高差将邻里间亲密交往的"起居室"同城市的喧嚣和不安定因素有效地隔离，使之具有相对的私密性。

从某种意义上讲，水木澜山不是单纯的设计，而是空间的运作，而运作的本质就是为了解决问题，寻找简洁实用的解决问题的手段。在这种思路指导下，建筑创作才有可能取得突破和创新，解决问题的范围才有可能扩展，将建筑的功能、技术与建筑形态结合起来，从而进一步寻求到好的解决办法。而这两个方向都需要建筑师在一定程度上对于建筑项目整体运作的介入。

当今社会广泛认同的一种态度是设计本身就是设计一种生活方式。建筑设计不同于工业设计，它是在有市场构思的前提下开始构思。建筑作为一种生活方式的要求存在于建筑项目整体运作当中，并贯彻始终。所以，建筑师如果以设计一种生活方式作为设计的创作来源，必然需要介入到建筑项目运作的过程当中。随着中国房地产市场的成熟，传统的金字塔形的社会机构正在向扁平的多元化社会结构转化，传统以长官意志为基础的社会结构逐步削弱，这种转变对建筑项目运作的

科学性和可操作性的要求大大增加。在这种情况下，建筑师设计介入的运作就有了更多的可能性。

在设计介入的过程中，寻找到建筑师与甲方的共同点是项目成功的重要因素。建筑师与甲方虽然有着不同的方向，但是却能够合力而为。在寻找合力的过程中，建筑师不是清高的"艺术家"，而是一个方案解决者。15 年的历练提高了柏涛介入运作的成熟度，面对任务书，我们并不是急于去对政府、甲方和业主所关心的问题一一作答，而是着力去思考出一个基于各方利益最大化的综合解决方案。在这个综合解决方案当中，各利益相关方（政府，开发商，业主）会自然而然地从中找出自己关注的那部分问题的答案。

"不识庐山真面目，只缘身在此山中。"点出了如果要想看清一件事物（或者一个问题），不能近距离的一座山峰一个丘陵地去观看（一

个问题一个问题地去作答），而是要退后一定的距离，从整体层面去看

待这件事物（或者这一系列问题），这也是柏涛公司诸位董事在过去的

15 年里，能够获得业界认可的一个重要原因之一。

水木澜山 实景照片

chapter

6

当下与未来

重庆鲁能领秀城　实景照片

那是上帝的箴言

科学家探明究竟

艺术家使之模糊

——路易斯·康 (Louis Isadore Kahn)

生活中经常会遇到"如何协调与合理安排当下面临的问题和未来预期的理想"，这个两难问题。在建筑规划设计的过程中，我们的设计师们也面临同样的困惑。作为一个某种程度的理想主义者职业，设计师面对眼前的规划总图或者户型平面，或多或少地都会有一定程度身临其境的"带入感"：如果我住在这个小区，会希望是什么样的动线；如果这个是我家的平面，那么希望有什么样的房间安排。可以肯定的是，一个好的规划设计作品，一定需要它的设计师具有这种"带入感"。但是，一个好的设计师又不应该过于沉浸在这种感觉其中，不可自拔。因为这样会导致眼中只有当下，而忽略了未来。柏涛公司一直坚持一个好的设计师需要在关注当下的基础上着眼未来，具有一定的预见性，而由此才能更好地创作出具有一定超前性和指引性的优秀作品。

　　那么，于未来的瞩目，是否会造成对当下留心的缺失呢？倘若二者建构在人有限的时间与精力之上而存在必然的矛盾之时，是否能够做到不顾此失彼，不游离彷徨，而是泰然自若，做个合格的时空穿行者呢？"将来是现在的将来，于现在有意义，才于将来会有意义"，鲁迅的这句话，言之凿凿，在柏涛看来，对当下的认知是一切的发端，只有较好地认识到现今之态，方有可能把握历史之兴替，寻找建筑之未来。在当下，柏涛有着亲历者与观察者的双重身份，方而坦然地面对当下，乃至未来。

"我是谁，我从哪里来，我要到哪里去？"三个看似简单的问题成为困扰西方世界的三大终极哲学问题，也恰成为柏涛于建筑思考的题中之意。

一"张"互联网点燃了人类的信息革命，一场场连环式的爆炸随着时间不断发生：你可以知道得太多，而你知道的还不够多，人们已经慢慢陷入了知与不知的匮乏。过往的经验匮乏是来自于"少"：好比最初的原始，只能选择"钻木取火"而别无他法，而如今却大大不同。信息爆炸给你我带来了大量的选择，"少"的时代似乎已经终结而迈入了"多"的主宰：面对各式各样的问题，你都可以谷歌或者百度一下去寻找你想要的答案或是方法。可面对如此"大好"的时机，人们却还常常看到迷茫而不知所指？可见，信息爆炸带来了丰富的选择，但人为不可控的爆炸也就意味着过多的选择，面对太多所谓的"路"，人们只能选择无奈而陷入又一次新的彷徨。这一切的根源，似乎便是外界的"丰富多彩"引去了我们过多的目光，而却忘记了最为基本的自我关怀。今时今日，大胆地学会放弃，似乎才能有所坚守，相比"多"带来的"经验匮乏"，我们更加需要割舍当下毋宁"少"而能有的"穷而后工"。

弗洛伊德在《梦的解析》里大胆而细腻地告诉我们："你从来没有真正认识你自己。"如此的洞见逼迫着我们不断提醒自己展开有关自我的认知，只不过问题已经由"我是谁？"转向了"我是建筑师，而建筑师是谁？"建筑师一词来源于英文"Architect"，基本释义为："someone who creates plans to be used in making something(such as buildings)"

其中之关键词显而易见——"plan"，即是计划，建筑师的存在虽不可避免地带有本性激情式的感性，但其身躯注定要流淌着理性的血液。也许在世事的圆融上我们可以木讷迟钝，但眼中却需要具象着如 X 光般的视线，于旁人看来不过是一个砌体，我们却需要能穿透表象，察觉出其内部的结构、配件以及设计意图。

　　"让人去存在"，建筑从产生的那一刻起便是人类存在方式的极佳体现，而当下最基本的存在问题却遭到了前所未有的忽视与淡漠。海德格尔批驳"科学无思"，于现今的建筑师而言，"建筑无思"怕是再贴切不过的表述。"真正的栖居困境乃在于：终有一死者总是重新去寻求栖居的本质，他们必须首先学会栖居。倘若人的无家可归状态就在于人还根本没有把真正的栖居困境当作这种困境来思考。"流水化机器化式"训练"已经快要将建筑师变成了机器中的某个重要设备，其价值意义虽然看来貌似大于"螺丝钉"等基础零件，但仍无法掩饰作为机器而割裂人应有独立的可怖。"一旦人去思考无家可归的状态，它就已经不再是什么不幸了。正确地思之并且好好地牢记，这种无家可归状态乃是把终有一死者召唤入栖居之中的唯一呼声。"在这个当下，我们该如何回应如此的呼声？"只有当人已然在作诗的'采取尺度'意义上进行筑造，人才能够从事上面这种筑造（培育生长物同时建立建筑物意义上的筑造）。本真的筑造之发生，乃是由于作诗者存在，即那些为建筑设计、为栖居的建筑结构采取尺度的作诗者存在。"建筑师要以本真意义上的"作诗"作为其设计、建造的出发点，以神性的尺度，而不是以个人的、主体的，或者人类中心主义的尺度去进行设计与建造，努力创造和谐完美的整体关系，使建筑成为本真意义的"诗作"。建筑史中建筑师之真义就是本真的"诗人"，以其特有的"诗意"去辗转存在。

"以史为鉴，可以知兴替"，世界上未有第二片土地如中国这般全民式的在意历史伦理。究竟历史是否可以为我们带来他物所不能有的借鉴，还是会因为对历史的熟稔把未来变成无限的历史轮回，"我从哪里来"是否真的与我们休戚相关？

1840 年的炮声让我们开始感觉到"挨打"的疼痛，面对历史的落后，彼时的参与者们哀号要打倒那个旧的过去，重塑新的文明。今日，西方的"明星"建筑师把中国变成了前所未有的世界建筑表演舞台，每逢演出，舞台下的观众欢呼雀跃，可待到落幕之后，幕后的中国建筑师该以怎样的方式收场？国力的强盛虽然不再致使"挨打"再次发生，但心中的精神折磨却更甚于肉体上的痛苦。这些折磨，来自于更深层次自我的断裂："我似乎知道我是谁，可我全都忘了。"历史正在被我们主动地遗忘与抛弃，传统的认知如今变得更为模糊不清，或许我们需要在这个历史的隘口找回过去。传统建筑的营造者并非而今意义的建筑师，如何在历史中感受传统工匠对于细节的锱铢把捏？

历史的吊诡就在于，原本不可割裂的整体，却在学科式的划分中日渐"精致"：建筑学、风景园林学、城市规划学等等，本应有的一体构成不断地在被"科学地断裂"：我们越来越相互需要，却又被毫无情面地分开。建筑绝非是独立的机器，似乎我们需要一次建筑自身的"新文化运动"，以新的方式打破当下所在的断裂。

建筑（Building）有别于其他时尚以及工业类的设计产品，具有三种特性：第一，完成过程需要耗费巨大的社会资源；第二，完成后将会对周边环境（小到区域，大到城市）产生巨大影响；第三，作为可存的证据，是重要的历史学、社会学、美学、工程学以及一系列相关学科的研究工具。正是由于建筑具有如上三条重要属性，作为设计师的我们所关注的绝不能仅仅是某些具体问题和指标以及"如何制造当下的产品"。我们所需要关注的，应该是建筑全部生命周期内的社会、文化及环境影响，应该是具有一定前瞻性和预见性的策略，应该是能够对得起建筑师／城市设计师这份职业的良心，应该是"创造面向未来的作品"。柏涛在努力践行的过程中，始终都把握一条不变的"主线"，就是个体的"感受尺度"。

建筑之于你我，若亘古再好不过的"故乡"。落叶者，是为归根，千年来农耕之作俨然烙印在这土地上以及在这土地上生长的我们。我们试图"归"在这乡土里，让建筑扎根，长出悠然自得的尺度，抛却冷漠与隔阂，换回温暖与希望。宇宙初生，即是洪荒，越过了一切可能，而是为我们每一人心灵的万有。

作品概览

作品概览

2000

|深圳| 百富隆斯 · 硅谷别墅

|深圳| 华侨城地产 · 波托菲诺 纯水岸

2001

|深圳| 深国投 · 水榭花都

|深圳| 维拉顿 · 云深处

2002

|深圳| 招商 · 泰格公寓

|成都| 滕王阁 · 鹭岛国际社区

|深圳| 鸿荣源 · 熙园别墅

2003

|深圳| 中信 · 中信红树湾

|东莞| 中信 · 中信凯旋城

|深圳| 万科 · 万科第五园

2004

|苏州| 建屋 · 东湖大郡

|深圳| 华来利 · 圣莫丽斯

|深圳| 中海/信和 · 香蜜湖一号

2005

|北京| 华润 · 华润橡树湾

|东莞| 中信 · 森林湖

|济南| 重汽 · 翡翠郡

|黄山| 安徽置地 · 黎阳in巷

2006

|中山| 远洋·远洋城

|厦门| 滕王阁·海峡国际社区

|成都| 华润·华润二十四城

|厦门| 联发·五缘湾一号

|深圳| 天居·水木澜山

2007

|深圳| 新世界·四季山水

|佛山| 中信·山语湖

|大连| 华润·星海湾壹号

|南京| 仁恒·仁恒江湾城

|厦门| 国贸·国贸天琴湾

|成都| 华润·华润橡树湾

|成都| 保利·保利公园198

2008

|重庆| 华润·华润中央公园

|贵阳| 中铁·中铁逸都国际

|北京| 中粮·中粮祥云国际社区

|南宁| 李宁·李宁体育公园

2009

|惠州| 合正·东部湾

|深圳| 中洲·中央公园

|成都| 华润·华润金悦湾

2010

|珠海| 中信·中信红树湾

|海南| 华润·华润石梅湾

|南宁| 华润·华润中心幸福里

|漳州| 滕王阁·原石滩国际社区

|成都| 复地·复地御香山

|深圳| 华来利·山语清晖

2011

|珠海| 金地·金湾

|九江| 中信·中信庐山西海度假酒店及别墅区

|泰安| 新华·新华城

|惠州| 华润·华润小径湾

2012

|桂林| 国奥 · 国奥城

|乌鲁木齐| 中建 · 开元盛世

|深圳| 华润 · 华润银湖蓝山

|深圳| 招商 · 海上世界双玺花园二期

|烟台| 金地 · 悦澜山

2013

|南京| 仁恒 · 绿岛新洲

|南京| 洲岛 · 江岛华庭

|苏州| 港中旅 · 狮山名门

|廊坊| 港中旅 · 燕郊港中旅艺术中心、运动中心

|汕头| 中信 · 龙虎滩度假村

|武汉| 宜化 · 宜化星都汇

|北海| 广西建工 · 金沙湾

2014

|广州| 兴拓 · 南沙金茂湾

|张家界| 桃花溪谷 · 桃花溪谷

|成都| 港中旅 · 金堂温泉度假区

|西安| 华来利 · 圣莫丽斯

后 记

王博老师，您好！

难得的一个国庆长假期，想必您与家人快乐并一切安好！

假期中，断断续续地思考了您在电邮中提出的想法："可否以访问提纲的形式，将我所关心或者想呈现的提供给我们，以丰富我们的访谈"，您的这一想法让我倍感鼓舞。

考虑再三，感觉还是不宜以访谈提纲的形式为你们即将展开的活动献计献策，还望谅解。

我以为顾虑有二，其一，访谈提纲可能会导致一问一答的刻板访谈状况，而非我所认为的那种活络生动，趣味盎然，有感而发，放开来谈的轻拟访谈状态，我认为营造这种伊始的状态尤为重要。其二，先入为主的一己之见，恐为访谈落下太多个人印迹，从而影响您作为局外人的独立思考和判断，更甚者，恐违背了群策群力共同创作的出书原则。

由此，我想还是以您在八月三日与公司诸位董事包括我本人见面所谈所想为基调，谈谈我的不成熟看法，全当是短暂的回顾和个人言论，希望能为这次合作出书尽点微薄之力。

为之鼓舞的是，通过上次的座谈，我们共同确立了（寻找心灵的尺度——柏涛 15 年中国路径）这一出书主题。我以为我们通过脑力碰撞寻找到了我称之为 " 智慧的路径 "。这是与当下司空见惯以编年史或作品罗列写法迥然不同的书写法。兴奋之余，也倍感艰辛。摆在我们面前的核心任务是如何准确地寻找我们称之为的 " 心灵的尺度 "，这一关于建筑师个体感受的话题。

　　我认为直接以人物为主线来做访谈，并通过访谈记录每位建筑师个体在大时代背景下如何行走，如何思考，如何应对的创作心路历程，是个现实可行的办法。建议访谈可以包括两个部分内容，一是正如您所设想，请受访者介绍一到两个代表作。二是通过对项目的回顾和描述，请受访者谈谈在创作过程中面对多种选择和路径，进退维艰的智慧选择。这样的智慧，我以为会越来越接近建筑师的创作观，人生观了。

　　作为我们这代建筑师，这 15 年正是年富力强，处于创作的高峰期，是建筑师重要的启程时期。于是，我认为心灵尺度这个命题，从形而上来讲，关于建筑师的哲学观，生命观。命题从而得到升华，这是我最为看中的一点，是这本书的真正灵魂和价值所在。

借此，我们是不是真正找到了柏涛 15 年成功的符码呢？借此，我们是不是真正探寻到柏涛 15 年建筑创作的文法呢？

上次的座谈中，我罗列了一些关键词，寄希望通过访谈，得到应答从而构成全书的核心梗概、主线和章节。先入为主的草率之举，希望理解和支持。时至今日，我还是认为这些关键词甚为重要，因为它关乎到了回应心灵尺度这一命题。

这些关键词包括，主流与边缘；纯粹与混搭；严谨与浪漫；扭曲与平衡；困惑与平和；当下与未来；等等。我非常关注这些稍纵即逝的代表建筑师思考的重要面向。因为只有这样，方能察觉到真正的自己。正如您所了解的，建筑师是个非常特殊的职业，在他们内心深处隐藏着许多不同的自我，而且每一个自我的感觉不一定那么像他们自己。他们常常会抱怨那个展现给别人的自己不是真正的自己。从某个侧面，这恰恰展现了妥协性这一建筑师职业特征。我想通过您的访谈和随后的整理，找到对应这些关键词的情绪和观念，展现一个真实的建筑师群像，这可能也是时代的群像。

我相信，我们这一群建筑师还是身怀理想的，我们信赖建筑，仰仗建筑，同时也希望以建筑的名义发现和塑造自我。

最后，我冒昧地谈谈我对这本书的期待。我以为应该是这样一种基调，即表面轻松，实质沉重。表面随意，实质精致。表面通俗，实质深邃而又机智。是一本充满建筑师智慧和人生思考的上等之作，并为当代建筑师群体思想贡献绵薄之力。

2013 年 10 月赵国兴于深圳